El camino Ikigai

Perseguir la pasión, el bienestar y una vida llena de propósitos

por
Well-Being Publishing

Copyright 2025 Well-Being Publishing. Todos los derechos reservados.

Ninguna parte de este libro puede ser reproducida en ninguna forma ni por ningún medio electrónico o mecánico, incluidos los sistemas de almacenamiento y recuperación de información, sin permiso por escrito del autor. La única excepción es que un crítico pueda citar breves extractos en una reseña.

Aunque el autor y el editor han hecho todo lo posible para garantizar que la información de este libro era correcta en el momento de su publicación, el autor y el editor no asumen y por la presente declinan toda responsabilidad ante cualquier parte por cualquier pérdida, daño o trastorno causado por errores u omisiones, tanto si dichos errores u omisiones se deben a negligencia, accidente o cualquier otra causa.

Esta publicación está diseñada para proporcionar información precisa y autorizada con respecto al tema tratado. Se vende con el entendimiento de que el editor no se dedica a la prestación de servicios profesionales. En caso de necesitar asesoramiento jurídico u otro tipo de asistencia especializada, deberá recurrirse a los servicios de un profesional competente.

El hecho de que en esta obra se haga referencia a una organización o a un sitio web como cita y/o fuente potencial de información adicional no significa que el autor o el editor aprueben la información que la organización o el sitio web puedan proporcionar o las recomendaciones que puedan hacer.

Recuerde que los sitios web de Internet que aparecen en esta obra pueden haber cambiado o desaparecido entre el momento en que se escribió esta obra y el momento en que se lea.

Cheers!

Índice

Embarcarse en el viaje del ikigai 1

Capítulo 1: Entender el ikigai 4
    Historia y orígenes del Ikigai.. 4
    El ikigai y su lugar en la cultura japonesa 8

Capítulo 2: Los cuatro pilares del ikigai 12
    Lo que amas: La pasión como brújula 12
    Lo que el mundo necesita: Encontrar tu contribución 16
    Por qué te pueden pagar: Alinear la profesión con el propósito 18
    En qué eres bueno: Aprovechar las fortalezas personales 21

Capítulo 3: La mentalidad ikigai 25
    Cultivar una Perspectiva Positiva... 25
    Abrazar el aprendizaje y la adaptación continuos 28

Capítulo 4: Vivir intencionadamente con ikigai.................................. 33
    Fijar metas alineadas con tu ikigai 33
    El poder de las pequeñas acciones diarias 36

Capítulo 5: El papel de la comunidad en el ikigai 40
    Formar relaciones significativas 40
    Construyendo redes de apoyo para el ikigai compartido 43

Capítulo 6: La dieta Ikigai: Alimentación para la longevidad 47
    Principios de la nutrición sana... 47
    Comida consciente: Saborear cada bocado 51

Capítulo 7: Ikigai y bienestar 54
    La sinergia del cuerpo y la mente.. 54

El movimiento como medicina: Incorporar la actividad física a la vida 57

Capítulo 8: Ikigai en el lugar de trabajo 61
Elaborar tu propósito profesional 61
Conciliación de la vida laboral y personal: Equilibrio entre ambición y bienestar 64

Capítulo 9: Superar los obstáculos del ikigai 68
Cómo afrontar los contratiempos y los desafíos 68
Resiliencia y adaptabilidad en la búsqueda de tu verdadero norte . 71

Capítulo 10: El ikigai a través de las culturas 75
Perspectivas globales sobre el propósito y la realización 75
Adaptación del ikigai a diversos contextos vitales 79

Capítulo 11: Ikigai para la próxima generación 82
Enseñar los principios del ikigai a niños y adolescentes 82
Dar forma a un futuro con propósito y alegría 85

Capítulo 12: Evoluciona tu ikigai 89
La naturaleza siempre cambiante del propósito personal 89
Prepararse para las transiciones y las nuevas pasiones 92

El legado del ikigai 94

Apéndice A: Ejercicios para descubrir tu ikigai 97
1. Reflexiona sobre los momentos alegres 97
2. Identifique sus puntos fuertes 97
3. Aclare sus valores 98
4. Explore sus contribuciones 98
5. Imagina tu día perfecto 98
6. Establezca objetivos pequeños e intencionados 98
7. Dedique tiempo a la reflexión 99

Apéndice B: Recursos para seguir explorando 100
1. Libros y literatura 100

2. Cursos y conferencias en línea 101
3. Talleres y retiros 101
4. Comunidades y foros en línea 101
5. Podcasts y recursos de audio 101

Embarcarse en el viaje del ikigai

Embarcarse en el viaje para descubrir el propio ikigai es como zarpar hacia un destino oculto pero inmensamente gratificante. El concepto de ikigai -que se pronuncia ee-kee-guy- proviene del japonés, donde "iki" se refiere a la vida y "gai" al valor. Es una brújula que guía a las personas por el laberinto polifacético de la vida, orientándolas hacia una combinación armoniosa de pasión, misión, vocación y profesión. En esencia, el ikigai consiste en alinear lo que uno ama con lo que el mundo necesita, por lo que uno puede ser pagado y para lo que uno es bueno. Pero lo que es más importante, representa una filosofía que abarca el arte de vivir, animando a la gente a profundizar en su alma para descubrir una vida llena de propósito y satisfacción.

En el acelerado mundo actual, centrado en los logros, muchas personas se encuentran en una búsqueda incesante de validaciones externas. Sin embargo, a pesar del éxito material, puede persistir un vacío profundo: el anhelo de algo más significativo. Ahí es donde entra en juego el ikigai. No es simplemente una búsqueda de la felicidad, sino un camino hacia la plenitud duradera. Es una invitación a entretejer los hilos de la pasión y el sentido práctico en un tapiz que es el propósito de tu vida.

Imagina levantarte cada día con energía, no cansado de las tareas que tienes por delante, sino entusiasmado por las oportunidades de expresar tus dones únicos. Una existencia así puede sonar idílica, pero es totalmente factible cuando te guías por los principios del ikigai. El viaje no ofrece una hoja de ruta única, ya que el ikigai difiere de una persona a otra. Sin embargo, la promesa que encierra es universal: una calidad de vida enriquecida marcada por la alegría, la resiliencia y una profunda satisfacción.

Este libro le invita a explorar las intersecciones en las que sus talentos se encuentran con sus pasiones, en las que su alegría se derrama en las vidas de los demás y en las que su trabajo se alinea con el deseo de su corazón. Es un viaje de introspección y acción, de cuestionamiento y descubrimiento, que en última instancia fomenta una mentalidad receptiva y proactiva. A medida que te adentres en estas páginas, aprenderás que el ikigai no es un destino, sino una expedición que dura toda la vida, en constante evolución y remodelación a medida que creces y cambias.

Más que una mera búsqueda personal, el ikigai tiene efectos multiplicadores en quienes nos rodean. Al vivir en consonancia con nuestro propósito, nos convertimos en faros, en ejemplos brillantes de cómo una vida llena de significado puede afectar a nuestras comunidades y, por extensión, al mundo. Comprometerse con su ikigai puede fomentar relaciones significativas y crear redes de apoyo donde los propósitos compartidos amplifican el sentido de realización de cada individuo.

La práctica del ikigai se extiende más allá de la esfera personal a los ámbitos profesionales. En el lugar de trabajo, comprender el ikigai puede transformar trabajos mundanos en carreras impulsadas por la vocación. Fomenta la construcción de entornos en los que la ambición coexiste con el bienestar, marcando el comienzo de una era en la que los esfuerzos profesionales y las pasiones personales se entrecruzan a la perfección. Las empresas que aprovechan el ikigai colectivo de sus empleados pueden redefinir el éxito no sólo en términos de beneficios, sino también en el enriquecimiento de las vidas de sus trabajadores.

Además, el ikigai sirve de base para la resiliencia en medio de los inevitables desafíos de la vida. Al sortear los contratiempos, es este propósito el que transforma los obstáculos en oportunidades de aprendizaje, fomentando un espíritu de adaptabilidad. Aceptar el cambio como un compañero y no como un enemigo permite un crecimiento continuo, salvando la distancia entre el punto en el que uno se encuentra y el punto al que desea llegar.

En última instancia, el viaje para descubrir el ikigai es un viaje de vuelta a uno mismo. Es un recordatorio de que dentro de cada uno de nosotros hay un manantial de potencial esperando a ser explotado. Este libro es tu guía, te ofrece sabiduría, estrategias y ejercicios para ayudarte en tu exploración personal. Tanto si empiezas de cero como si quieres volver a alinearte con un propósito que tienes desde hace tiempo, estas páginas están pensadas para ayudarte en tu búsqueda de una vida rica en significado y satisfacción.

Al abrirte al concepto de ikigai, invitas a la transformación, no sólo en tu forma de vivir, sino también en cómo percibes la vida en cada momento. Se te anima a explorar, a soñar y, lo que es más importante, a ser lo suficientemente valiente como para perseguir la vida que te llama. El camino puede ser tortuoso y los descubrimientos a veces inesperados, pero ahí reside la belleza del viaje ikigai. Al abrazar plenamente tu ikigai, entras en una vida de intención, en la que cada día está alineado con tu yo más verdadero. Deja que este viaje te guíe hacia una existencia en la que la pasión y el propósito se funden, creando una sinfonía de alegría y plenitud duraderas.

Capítulo 1:
Entender el ikigai

En el intrincado tapiz de la vida, descubrir el propio ikigai -el profundo sentido del propósito que da dirección y sentido a nuestros días- sirve de estrella guía. Procedente del corazón de la cultura japonesa, el ikigai es algo más que un concepto: es una mezcla armoniosa de pasión, misión, vocación y profesión. Encarna ese punto dulce en el que convergen lo que amas, lo que el mundo necesita, aquello por lo que te pueden pagar y aquello para lo que eres bueno. Este equilibrio fomenta una vida llena de satisfacción y crecimiento continuo, animando a las personas a profundizar en el autodescubrimiento y alinear su existencia con el flujo natural de la alegría y la plenitud. Al embarcarse en esta exploración, se trata de encontrar esa fuerza motriz, una razón para despertarse con entusiasmo cada mañana. El ikigai no es sólo para el beneficio individual; es un camino que mejora el bienestar, alimenta la longevidad y cultiva un legado duradero, invitando a los demás a participar en un mundo enriquecido por la felicidad y el propósito compartidos.

El ikigai es una forma de vida, una forma de vida, una forma de vida.

Historia y orígenes del Ikigai

Para comprender realmente la esencia del *ikigai*, es crucial explorar sus raíces. El concepto de *ikigai* no es sólo una filosofía moderna o una palabra de moda. Sus orígenes se remontan al antiguo Japón, entretejido con el tejido cultural e histórico de la nación. Desentrañar este entramado de tradiciones y creencias es esencial para entender por qué este concepto ha calado hondo en la gente de todo el mundo.

Empecemos por examinar el propio término. *Ikigai* es un compuesto de dos palabras japonesas: *iki*, que significa "vida", y *gai*, que se traduce aproximadamente como "valor". La combinación sugiere el valor de la vida. Sin embargo, calificarlo simplemente de "razón de ser" no le hace justicia. Es mucho más que una mera definición o una frase pegadiza; es un principio rector que ha servido de orientación durante siglos. En lugar de presentar la vida como una serie de objetivos que conquistar, el *ikigai* nos invita a percibirla como un flujo continuo, haciendo hincapié en el equilibrio y la armonía.

Los orígenes del *ikigai* se remontan al periodo Heian (794-1185 d.C.). Esta época estuvo marcada por el florecimiento cultural y el auge de la literatura, el arte y la filosofía japonesas. Nobles y eruditos se afanaban por comprender la naturaleza de la existencia y lo que significa vivir una buena vida. Los debates filosóficos y los escritos de esta época reflejan la evolución de la conciencia del bienestar y la realización personal, en estrecha consonancia con los principios del *ikigai* tal y como los conocemos hoy en día.

La cultura japonesa pone un énfasis significativo en la comunidad y en el papel del individuo dentro de ella. La noción de *ikigai* evolucionó de forma natural en este contexto, en el que el propósito de una persona solía estar ligado a su contribución al grupo. El entrelazamiento de la satisfacción individual con la armonía comunitaria revela la intrincada relación entre la gratificación personal y la responsabilidad social. Este doble enfoque ayuda a explicar por qué el *ikigai* tiene una resonancia única que trasciende la mera satisfacción personal: abarca una dimensión social y ética más amplia.

Otro aspecto a tener en cuenta es la influencia del budismo zen y el sintoísmo. Ambas vías espirituales han impregnado profundamente la cultura japonesa y promueven la atención, la presencia y la aceptación.

El budismo zen, centrado en vivir el momento, cultiva el aprecio por la vida cotidiana. Por su parte, el sintoísmo celebra la naturaleza y lo divino presente en todas las cosas. Juntos, proporcionan un marco filosófico que apoya la mentalidad del *ikigai*: encontrar la belleza y el propósito en las actividades cotidianas que componen nuestras vidas.

Con el tiempo, el *ikigai* se ha filtrado en varias facetas de la vida cotidiana japonesa, desde el arte y la educación hasta la ética laboral y la atención sanitaria. No se trata sólo de decisiones arriesgadas o cambios transformadores en la vida; de hecho, la práctica del *ikigai* puede ser increíblemente personal y llena de matices. Ya se trate de la dedicación a un oficio, la alegría de preparar una comida o el compromiso con la familia y la comunidad, el *ikigai* se expresa de múltiples maneras, reforzando cómo el propósito puede encontrarse tanto en los aspectos profundos como en los sencillos de la vida.

A lo largo de la historia, regiones como Okinawa se han convertido en célebres ejemplos del estilo de vida *ikigai*. Este grupo de islas presume de tener una de las esperanzas de vida más altas del mundo y se estudia a menudo por su correlación entre bienestar y longevidad. Los habitantes de Okinawa viven según principios que reflejan un profundo sentido de comunidad y propósito. Participan en actividades sociales, mantienen relaciones estrechas y siguen encontrando su propósito hasta bien entrada la vejez. Es un testimonio de que el *ikigai* no es un logro estático, sino una forma de vida dinámica que evoluciona con cada etapa de la vida.

Cuando Japón entró en la era moderna, el poder y la aplicabilidad del *ikigai* trascendieron las fronteras tradicionales. No se limitó a los eruditos ni se aisló en profesiones concretas. Por el contrario, se convirtió en un concepto accesible para todos, que ofrecía una lente a través de la cual cualquiera podía ver su vida y sus elecciones con sentido. En los años de la posguerra, cuando Japón se transformó en una bulliciosa economía moderna, el *ikigai* ayudó a las personas a superar el estrés de la rápida urbanización, la tecnología y los cambios sociales, recordándoles la búsqueda intemporal de una vida plena.

Aunque sus raíces siguen estando profundamente arraigadas en la cultura japonesa, el interés mundial por el *ikigai* ha aumentado en los últimos años. A medida que la vida moderna se vuelve más ajetreada y compleja, la gente de todo el mundo busca caminos hacia la simplicidad y la alegría, y es aquí donde el *ikigai* encuentra su mayor atractivo. Las personas anhelan un marco que les ayude a equilibrar las exigencias de la carrera, la familia y el crecimiento personal, lo que convierte al *ikigai* no sólo en una reliquia cultural, sino en un arquetipo universal de sentido y equilibrio.

En última instancia, la historia del *ikigai* es una hermosa narración de cómo la tradición se entrelaza con la modernidad, proporcionando una brújula filosófica que nos guía hacia una vida gratificante. Comprender sus orígenes ofrece algo más que un simple conocimiento histórico: ofrece una base sobre la que las personas pueden construir su propia versión de una existencia con propósito. Abrazar el *ikigai* significa reconocer el pasado, celebrar el progreso y comprometerse con un futuro en el que cada momento encierra potencial y promesa.

El legado del *ikigai* no consiste en imponer un propósito único para todos, sino en invitar a cada uno de nosotros a descubrir y abrazar nuestros caminos únicos, forjando la plenitud a través de un equilibrio de pasiones, contribuciones y conexiones. Este es su poder duradero: una invitación a transformar nuestra existencia cotidiana en algo que no se limite a pasar el tiempo, sino que lo enriquezca y lo alargue con un significado profundo. Adentrarse en el *ikigai* es iniciar un viaje que respeta el pasado, compromete el presente e inspira un futuro satisfactorio.

El ikigai y su lugar en la cultura japonesa

En el corazón de la cultura japonesa, el ikigai es algo más que un concepto; es una forma de vida que teje a la perfección el propósito, la pasión y la perseverancia en el tejido de la vida cotidiana. Arraigado en las tradiciones de esta nación insular, el ikigai sirve de guía que ayuda a las personas a navegar por las complejidades de la vida con gracia e intención. No se trata simplemente de encontrar lo que te gusta o lo que se te da bien; se trata de alinear esos elementos con lo que el mundo necesita y lo que sustenta una vida sostenible. Esta interconexión refleja un equilibrio intrínseco que ha sido apreciado a lo largo de generaciones, lo que ilustra por qué los japoneses suelen llevar una vida caracterizada por una notable longevidad y una profunda satisfacción. Al iniciar nuestro viaje para descubrir y cultivar nuestro propio ikigai, adquirimos conocimientos para vivir una vida plena que vibra con significado, ayudándonos a abrazar cada momento con propósito y alegría.

La intersección de la alegría, la plenitud y la longevidad es donde realmente cobra vida la esencia del Ikigai en la cultura japonesa. Es ese espacio vibrante donde la risa del momento se encuentra con el conocimiento sereno de una vida bien vivida. No se trata sólo de lo que te mantiene despierto cada mañana; se trata de saborear la experiencia a lo largo de todo el día y llevarla al mañana. Los japoneses saben desde hace mucho tiempo que, para llevar una vida gratificante, hay que combinar a la perfección elementos de alegría, plenitud y longevidad.

En esencia, Ikigai aúna estos elementos a través de una sutil y meditada organización de los objetivos de la vida. No se trata simplemente de vivir más o de acumular momentos de felicidad; se trata de encontrar un equilibrio que permita que ambos coexistan y prosperen. La noción japonesa de alcanzar una vida plena no se basa únicamente en ambiciones externas, sino más bien en una armonía de alineación interna y expresión externa. Esto implica un compromiso deliberado con los placeres y los retos de la vida, al tiempo que se es consciente de la ética y las responsabilidades personales.

Además, la sensación de alegría inherente al ikigai no es superficial. Es la agitación gozosa que surge al participar en actividades que resuenan en el corazón de uno. Esta alegría, duradera y resistente, está entrelazada con un propósito. El ritmo de la vida cotidiana en Japón a menudo encarna esta interconexión, que se aprecia en prácticas como el Hanami (contemplación de flores), que fomenta la celebración de la belleza en momentos fugaces. Al abrazar las alegrías pasajeras, las personas recuerdan lo efímero de la vida y la importancia de vivir plenamente cada momento. En la cultura japonesa, la plenitud se percibe como la profundidad del significado de las acciones y las relaciones personales. Se trata de la contribución más que del consumo, de la comunidad más que de la soledad. Las raíces de la plenitud se extienden hasta las conexiones con los demás y la naturaleza, que forman parte integral del estilo de vida japonés. La práctica del Shinrin-yoku, o baño en el bosque, ejemplifica esta conexión, proporcionando un camino hacia la plenitud a través de la inmersión en el mundo natural.

La longevidad, en el marco del Ikigai, no consiste simplemente en prolongar el número de años vividos. Por el contrario, se trata de infundir calidad a los años y garantizar que cada uno de ellos esté repleto de experiencias importantes. Okinawa, a menudo conocida como la "Tierra de los Inmortales", es un ejemplo de longevidad ligada al ikigai. El estilo de vida de la comunidad, rico en interacciones sociales y esfuerzos decididos, contribuye a la notable longevidad de sus residentes. Aquí, la longevidad se extiende más allá de la existencia física; encarna una vida que sigue creciendo en propósito cada día.

Estos tres principios de alegría, realización y longevidad no son conceptos aislados en la sociedad japonesa: son una forma de vida. Al armonizar estos aspectos, los individuos crean un ecosistema personal que fomenta la felicidad y la salud sostenidas. La práctica del Kaiseki, una comida tradicional japonesa de varios platos, se utiliza en ocasiones como metáfora de la vida vivida según el Ikigai. Del mismo modo que cada plato se prepara con cuidado y atención, cada decisión vital debe tomarse con la intención de nutrir el cuerpo y el alma.

La cultura japonesa ilustra maravillosamente la sinergia que se produce cuando la alegría, la plenitud y la longevidad se entrecruzan. Esto se ve en los rituales diarios que imbuyen de significado las acciones rutinarias: la cuidadosa preparación del té en una ceremonia del té, la poda artística de un bonsái o incluso los pasos deliberados de una rutina matutina de ejercicios. Al encontrar significado y satisfacción en lo que podría percibirse como mundano, los japoneses transforman los momentos ordinarios en fragmentos extraordinarios del viaje de la vida.

Podemos reflexionar sobre cómo la alegría, la satisfacción y la longevidad se entretejen en el tapiz individual de la existencia de cada persona. Quizá comience preguntándose: "¿Qué alimenta mi espíritu y me mantiene ansioso por ver el mañana?". Alinearse con esa pregunta aporta claridad a la búsqueda de la razón y la satisfacción en la vida cotidiana. La intersección de estos valores en Ikigai sirve como un potente recordatorio: escuchar nuestros deseos más íntimos, actuar sobre ellos con intención y aceptar el paso del tiempo como un aliado, en lugar de un adversario.

Por tanto, reflexionar sobre la intersección en Ikigai nos implora examinar nuestras propias vidas y encontrar ese punto dulce donde la alegría, la satisfacción y la longevidad convergen de forma natural. Se trata de crear una vida que sea exclusivamente nuestra, una hermosa e intrincada danza entre nuestros deseos y nuestros deberes. La cultura japonesa, con sus prácticas informadas y su profundo respeto por las múltiples facetas de la vida, ofrece un modelo para lograr este equilibrio. Sin embargo, el viaje es personal y requiere que cada individuo emprenda su propio camino para descubrir qué le aporta alegría, qué le llena y cómo puede cultivar la longevidad. Quizá el secreto esté en la conversación entre estos elementos; un diálogo en el que la vida se aprecia, se vive y se comparte en su máxima expresión.

Capítulo 2:
Los cuatro pilares del ikigai

Comprender los cuatro pilares del ikigai es fundamental para desbloquear una vida rebosante de propósito, satisfacción y alegría. Estos pilares -lo que amas, lo que el mundo necesita, aquello por lo que te pueden pagar y aquello para lo que eres bueno- guían a las personas para unir la pasión con el propósito, lo práctico con lo enriquecedor. Ofrecen un andamiaje para identificar cómo se alinean las pasiones personales con las demandas globales, transformando la existencia mundana en una odisea estimulante. Evaluando estas dimensiones, se puede forjar un equilibrio armonioso en el que los puntos fuertes se encuentran con las oportunidades y la satisfacción baila con la sostenibilidad financiera. Al entretejer estos elementos en el tejido de la vida cotidiana, el ikigai no sólo se convierte en un camino hacia una existencia con propósito, sino también en un catalizador para el crecimiento continuo y la resiliencia en un mundo en constante evolución. Así que, deja que estos pilares sean el faro que ilumine tu viaje, impulsándote hacia un destino rico en significado y vitalidad.

Lo que amas: La pasión como brújula

¿Qué te impulsa cada mañana a levantarte de la comodidad de tu cama? Para muchos, la respuesta no está en las obligaciones ni en las rutinas, sino en la pasión, esa que enciende tu alma y te impulsa hacia adelante. La pasión actúa como una brújula, dirigiendo la dirección de nuestras vidas hacia la satisfacción y la alegría. En el contexto del ikigai, el concepto de amar lo que se hace es vital porque constituye uno de sus pilares fundamentales. Para entender realmente este pilar, tenemos que desentrañar lo que significa encontrar y seguir la pasión como parte de nuestro viaje hacia el propósito.

Piensa en un momento en el que estabas completamente absorto en una actividad que adoras. Tal vez pintaba, tocaba un instrumento o incluso jugueteaba con motores. Las horas pasaban sin darte cuenta, sin esfuerzo. Este entusiasmo arraigado es más que un simple interés: es una pasión, una motivación intrínseca que no depende de recompensas externas. En momentos como éste, encontramos una parte de nuestro Ikigai, esa encantadora armonía en la que lo que amamos se alinea con el propósito y la vitalidad.

Descubrir lo que amas no siempre es sencillo. Requiere introspección y puede experimentarse a cualquier edad o en cualquier fase de la vida. A menudo, las expectativas sociales o las presiones familiares nos impiden descubrir nuestros verdaderos deseos. Podemos enterrarlos bajo capas de practicidad o instintos de supervivencia. A pesar de estos retos, es fundamental profundizar y explorar distintos intereses. Haz una lista de las actividades que te entusiasman, las profesiones que admiras o las aficiones que siempre has querido probar pero nunca lo has hecho. Ser curioso y explorador es el primer paso hacia el descubrimiento de la pasión.

Hay una noción filosófica que sugiere que cuando haces lo que amas, nunca trabajarás un día en tu vida. Aunque pueda sonar idealista, hay algo de verdad en ello. La pasión transforma el trabajo en un placer y no en una carga. Te da energía en lugar de agotarte. Sin embargo, es importante reconocer que incluso las actividades impulsadas por la pasión pueden tener momentos mundanos. La magia reside en la chispa constante que te mantiene en marcha a pesar de esos momentos menos glamurosos. Perseguir lo que amas no significa una vida libre de desafíos; significa superar los obstáculos con un entusiasmo alimentado por la pasión.

Imagina construir tu vida sobre unos cimientos en los que la pasión sea el centro. Te lleva a construir una realidad llena de alegría y satisfacción. Cuando la pasión te guía, las decisiones se vuelven claras. Las trayectorias profesionales, los hitos personales y las elecciones diarias se alinean con tus deseos internos, reduciendo la fricción que se experimenta a menudo cuando se vive fuera de sincronía con los verdaderos intereses de uno. Esta alineación puede conducir al crecimiento personal y abrir oportunidades antes inimaginables. Es como si estuvieras en sintonía con el ritmo del universo y tus acciones fueran una extensión natural de tu esencia.

Aún así, la pasión aislada no es suficiente. Para que la pasión te sirva de verdadera brújula en tu viaje hacia el Ikigai, debe cruzarse con los demás pilares: lo que el mundo necesita, por lo que te pueden pagar y lo que se te da bien. Estas interacciones forman un equilibrio crucial que sostiene y alimenta la pasión. Por ejemplo, puede que te encante escribir. Esta pasión puede alimentarse en una carrera, como el periodismo o la autoría, que no sólo te satisfaga a ti, sino que también satisfaga las necesidades de la sociedad y te recompense económicamente. La sinergia de estos aspectos garantiza una vida vibrante y equilibrada.

Reflexione sobre el impacto que perseguir una pasión tiene en la salud mental y emocional. Dedicarse a actividades que le apasionan le proporciona una vía de escape natural del estrés y contribuye a una mayor satisfacción vital. A menudo, las personas afirman sentirse más felices y menos ansiosas cuando se dedican regularmente a lo que les apasiona. Hay un valor inherente en hacer las cosas sólo por la alegría que proporcionan y, a menudo, estas actividades fomentan un sentido de identidad y valía personal que se extiende a otras áreas de la vida.

Además, perseguir una pasión inspira a otros y fomenta la conexión. Cuando expresas entusiasmo por lo que amas, naturalmente atraes a personas afines y fomentas la comunidad. Estas relaciones enriquecen aún más tu Ikigai, proporcionándote alegría y ánimo compartidos. Imagina los lazos que se forman a través de las pasiones compartidas, desde clubes de lectura a equipos deportivos o colaboraciones artísticas. A través de estas conexiones, la pasión se convierte en un poderoso pegamento social que une a las personas con intereses comunes y complementa la búsqueda individual de un propósito.

Para aprovechar el poder de la pasión, es esencial reservar tiempo para sus intereses, incluso en medio de las obligaciones mundanas. Piense en formas creativas de integrar la pasión en su rutina diaria. ¿Puede dedicar una hora a la semana a pintar? ¿O quizás hacer voluntariado los fines de semana haciendo algo que te guste y beneficie a la comunidad? Encontrar formas de incorporar sus intereses con regularidad refuerza su importancia y ofrece equilibrio a las demás responsabilidades de la vida.

El camino hacia una vida impulsada por la pasión no siempre es fácil. Puede haber sacrificios o decisiones difíciles en el camino. Sin embargo, al alinear constantemente las acciones con lo que amas, las recompensas superan con creces las dificultades. Este camino dinámico, constantemente recalibrado por la pasión, conduce a una vida llena de satisfacción y significado. Te aleja de la autocomplacencia y te adentra en un mundo de posibilidades, ofreciéndote un sentido de propósito que alimenta cada día.

Por último, mientras exploramos el papel de la pasión para guiarnos, recuerda que la búsqueda es continua. Tus pasiones pueden evolucionar, crecer o incluso cambiar por completo con el tiempo, y eso es perfectamente natural. En esta fluidez reside la belleza de vivir a través de tu pasión: siempre cambiante, siempre nueva, siempre dispuesta a llevar tu vida en direcciones nuevas y emocionantes. En el gran viaje del Ikigai, deja que la pasión marque tu rumbo, actuando siempre como tu brújula personal hacia una vida bien vivida.

Lo que el mundo necesita: Encontrar tu contribución

En medio del tapiz de la vida, tu contribución única es un hilo que teje, conectando tu viaje personal con el mundo más amplio. Esta sección de descubrir tu ikigai, lo que el mundo necesita, invita a reflexionar sobre cómo puedes ofrecer algo más que tus habilidades o pasiones, sino aportar lo que el mundo realmente necesita. Al alinear lo que aportas con las necesidades globales, no sólo encuentras tu propósito, sino que creas un legado de impacto.

Comprender lo que el mundo necesita comienza con una observación profunda. El mundo es un complejo lienzo lleno de problemas y posibilidades. ¿Qué retos sociales te conmueven? ¿Es el cambio climático, las desigualdades socioeconómicas o tal vez la búsqueda de la concienciación sobre la salud mental? Tu ikigai no es sólo una búsqueda interna; es una llamada a comprometerte hacia fuera con empatía. A menudo, la identificación de estas necesidades es el primer paso para comprender dónde puede encajar uno dentro del puzzle.

No es raro sentirse abrumado al contemplar las necesidades globales. Sin embargo, esta sensación de enormidad no debe amedrentarle. Por el contrario, debería animarle a hacerse un hueco en el que su contribución pueda brillar. Recuerda que no se espera que una sola persona resuelva sola los problemas del mundo. El impacto duradero se construye sobre el esfuerzo colectivo, en el que cada individuo añade su pieza al mosaico mayor. Las pequeñas acciones, cuando se acumulan a lo largo del tiempo y a través de las comunidades, conducen a un cambio sustancial.

Encontrar tu contribución implica autoexploración y el coraje de hacer preguntas difíciles. ¿Qué injusticias o lagunas existen en tu comunidad? ¿Cómo pueden tus talentos o pasiones abordarlas? Piensa en pequeño y en local. A menudo, el cambio empieza en casa. Tal vez seas un artista que puede concienciar a la gente con imágenes que invitan a la reflexión, o un profesor que se siente inspirado para desarrollar nuevos métodos para atraer a alumnos reacios. Incluso contribuciones aparentemente modestas pueden repercutir y provocar un cambio más amplio.

Pero, ¿por dónde empezar? Empieza por escuchar, escuchar de verdad, al mundo que te rodea. Esto implica sumergirte en conversaciones, quizás ser voluntario, o simplemente estar presente en diversos entornos. Con una presencia atenta, serás testigo de primera mano de los deseos y necesidades de quienes te rodean. Este enfoque no sólo amplía su perspectiva, sino que también enriquece su comprensión, permitiendo que sus contribuciones sean más intencionadas y se alineen con la demanda genuina.

También es crucial armonizar sus acciones con sus valores. Cuando lo que ofreces resuena tanto con tus valores personales como con las necesidades externas, tu trabajo tendrá más sentido y será más duradero. Los valores actúan como una brújula que te guía por el terreno inexplorado y a menudo tumultuoso de la vida. Esta alineación garantiza la autenticidad de tus contribuciones, mejorando tanto la realización personal como el beneficio social.

Tu contribución puede no seguir los caminos tradicionales. En nuestro mundo interconectado, las formas de las soluciones son tan variadas como los retos que abordan. La expresión artística, la innovación tecnológica, el activismo de base... todos son caminos posibles. Acepta las cualidades únicas que te hacen ser tú mismo. La diversidad en las contribuciones crea la solidez necesaria para enfrentarse a problemas globales polifacéticos.

Reflexiona sobre figuras históricas que han tenido un impacto significativo, a menudo empezando con pequeños pasos. Piense en quienes desafiaron el statu quo con ideas poco convencionales que posteriormente transformaron el panorama social. No se limitaron a identificar lo que el mundo necesitaba, sino que actuaron con decisión, a menudo de forma gradual, pero siempre con perseverancia. Sus historias pueden servirle de inspiración: individuos corrientes, imbuidos de una determinación extraordinaria, pueden cambiar el mundo.

Este viaje de contribución es muy personal, pero profundamente universal. Lo que usted ofrece se convierte en un testamento del trabajo de su vida, un legado que le precede. Por lo tanto, acércate a ello con seriedad y ligereza, comprendiendo la responsabilidad y la alegría que conlleva. Cuando descubres no sólo una necesidad, sino *tu necesidad* de servir a esa causa, has explotado una veta del ikigai que infunde a la vida un significado y una satisfacción sin parangón.

En resumen, cuando te comprometas con este pilar del ikigai, debes saber que no se trata tanto de grandes gestos como de un compromiso sincero e intencionado con las necesidades que identifiques. Sigue preguntándote dónde encajas tú dentro de las necesidades del mundo, y sé sincero en tu empeño por servirlas. Es en este empeño donde encontramos no sólo nuestra realización más profunda, sino también donde contribuimos a escribir un capítulo perdurable de la historia humana: uno construido sobre la interconexión, la comprensión y el deseo compartido de un mundo mejor. Gracias a estos esfuerzos, paso a paso, persona a persona, nos acercamos a un mundo en el que nuestros ikigais colectivos iluminan y enriquecen todos los rincones de la vida.

La educación, la ciencia, la cultura y la comunicación son los pilares de un mundo mejor.

Por qué te pueden pagar: Alinear la profesión con el propósito

No se trata sólo del sueldo. Claro que el aspecto financiero es crucial a la hora de elegir una carrera profesional, pero ¿y si pudieras encontrar una forma de ganarte la vida que también alimente tu alma? Aquí es donde entra en juego el tercer pilar del Ikigai: Por qué te pueden pagar. Se trata de encontrar el punto óptimo en el que confluyan los intereses profesionales y la sostenibilidad financiera, creando una carrera que resuene con lo que eres en esencia.

La búsqueda de un propósito profesional a menudo puede parecer desalentadora, pero comienza con una pregunta sencilla pero profunda: ¿Qué habilidades posees por las que otros estén dispuestos a pagar? No se trata simplemente de aprovechar tu currículum o tu historial laboral, sino de sintonizar con aquellas tareas y funciones que realmente te hacen sentir vivo y, al mismo tiempo, satisfacen una necesidad del mercado. Cuando tu trabajo se alinea con tus valores y fortalezas, lo que haces a diario se convierte en una faceta integral de tu identidad. Trasciende la transacción de tiempo por dinero.

Algunas personas encuentran pronto su vocación y emprenden un camino recto hacia ella. Otras, sin embargo, tropiezan con una multitud de puestos de trabajo, dispersando sus habilidades en diferentes industrias como migas de pan a lo largo de un camino sinuoso. Si perteneces a este último grupo, anímate. Este viaje te infunde versatilidad y contribuye a crear un rico tapiz de experiencia que puede ser tu ventaja competitiva. Cada función enseña algo valioso y, a menudo, esas lecciones revelan formas inesperadas de contribuir al mundo. La clave está en confiar en el proceso y permanecer abierto a lo que su combinación única de habilidades pueda llevarle.

Esta alineación intencionada es especialmente significativa si tenemos en cuenta las limitaciones de tiempo. Pasas gran parte de tu vida trabajando, así que ¿por qué no hacer que tenga sentido? Lo ideal sería que las horas que pasas en tu trabajo reflejaran tus pasiones y valores. Me viene a la mente la idea de *shokunin*, un término japonés que designa el arte de ser artesano. Tanto si eres un desarrollador de software como un barista, infundir atención y dedicación a tu oficio lo eleva de la mera ejecución de tareas a la creación de algo profundo.

Considera esto: Formamos parte de un sistema interconectado. Si bien es importante que tus esfuerzos profesionales te mantengan económicamente, es igualmente crucial que creen valor para los demás. Reflexiona sobre el equilibrio entre dar y recibir en tu escenario profesional actual. ¿Proporcionas algo que no sólo es valioso, sino que también tiene un impacto real? Cuando tu trabajo mejora la vida de los demás, te impulsa hacia una existencia orientada a un propósito en la que la validación profesional va más allá de la recompensa monetaria.

En el acelerado e hiperconectado mundo actual, muchas personas se encuentran atrapadas en carreras que minan su energía en lugar de renovarla. La rutina diaria puede convertirse fácilmente en un ciclo de agotamiento y falta de compromiso. Es esencial identificar y cambiar a un trabajo que te emocione en lugar de agotarte. Empieza poco a poco, pero piensa en grande. Imagina el tipo de trabajo que no sólo te compense adecuadamente, sino que encienda una pasión en ti. Esta visión podría abarcar cualquier cosa, desde convertirse en un consultor que dicta su propio horario a un artista cuyas obras inspiran a audiencias globales.

Recuerde, alinear la profesión con el propósito no significa perseguir sueños grandiosos inmediatamente si no es viable. Está perfectamente bien empezar donde estás mientras mantienes tus aspiraciones en el horizonte. Tal vez puedas ampliar un puesto actual para abarcar más tareas que realmente te gusten. Alternativamente, considere proyectos paralelos en los que sus pasiones se alineen más estrechamente con sus objetivos profesionales, ofreciéndole un campo de pruebas y un posible trampolín para futuras empresas.

La interrupción es un potente catalizador para la evolución profesional, así que permanezca atento a las oportunidades que desafíen su estado actual. Estos momentos suelen presentarse a través de ofertas de trabajo inesperadas, cambios de proyecto o incluso durante períodos de duda en su propia trayectoria profesional.

Aprovéchalas en lugar de rehuirlas. Contienen las semillas de una transformación significativa. Las tecnologías emergentes, los cambios en los paradigmas económicos y las industrias florecientes podrían servir como catalizadores para la innovación dentro del campo elegido, revelando nuevas vías para explorar la alineación profesional con el propósito.

Por último, el aspecto financiero debe abordarse de forma pragmática. Todos tenemos facturas que pagar y hay dignidad en todo trabajo realizado con integridad. Sin embargo, merece la pena explorar formas de redefinir lo que significa el éxito financiero. ¿Es sólo un sueldo, o puede ser el excedente de tiempo, flexibilidad y alegría que se obtiene de un trabajo que se ajusta a tus valores? Los planificadores financieros suelen aconsejar fijarse objetivos a medio y largo plazo, en lugar de pensar simplemente en un sueldo tras otro. Aplique esta mentalidad a su carrera y forje un camino hacia un papel satisfactorio que sostenga económicamente y enriquezca su vida.

Cuando alinea lo que le pueden pagar con su propósito mayor, su trabajo se convierte en una extensión de su ikigai, un ciclo armonioso que no sólo nutre su cartera, sino también su espíritu. Es un viaje que merece la pena emprender y, por el camino, puede que descubras que la realización no es un destino, sino un proceso en constante evolución. No sólo te convertirás en el arquitecto de tu futuro financiero, sino también en el artífice de tu legado.

En qué eres bueno: Aprovechar las fortalezas personales

En nuestra búsqueda del ikigai, comprender y sacar partido de aquello para lo que somos buenos es un paso fundamental. Forma parte de la intrincada danza del autodescubrimiento, en la que abrazamos con alegría nuestras habilidades y potencial únicos. Entonces, ¿qué significa exactamente aprovechar las fortalezas personales? En esencia, implica reconocer tus talentos, cultivarlos y alinearlos con el propósito de tu vida. Aquí profundizamos en por qué este pilar del ikigai es crucial y cómo podemos aprovechar nuestras fortalezas para llevar una vida plena.

Encontrar aquello para lo que eres bueno no siempre es tan sencillo como parece. A menudo, nuestros talentos naturales están ocultos bajo capas de dudas sobre nosotros mismos, expectativas sociales o, simplemente, falta de conciencia. Descubrir estos talentos requiere introspección y, a veces, el valor de salir de la zona de confort. Se trata de escuchar los susurros de tu alma que te dicen lo que realmente te hace sentir bien y perseguir esas inclinaciones. Cuando empiezas a comprender tus puntos fuertes, estás abriendo un camino que tiene el poder de guiarte hacia tu ikigai.

Considera momentos de tu vida en los que el tiempo parecía pasar volando. Actividades en las que te perdiste por completo, sólo para emerger sintiéndote con más energía que nunca. Ahí es donde a menudo se esconden tus puntos fuertes. Esos momentos de fluidez son indicadores preciosos que te señalan lo que te llega sin esfuerzo. Reconocer estas experiencias es el primer paso para potenciar tus puntos fuertes personales. Sirven como recordatorios de las actividades que encienden tu espíritu y donde reside tu verdadero potencial.

Una vez que identificas tus puntos fuertes, el siguiente paso es perfeccionarlos. Al igual que un escultor cincela un bloque de piedra para revelar una magnífica estatua, tú también debes trabajar para perfeccionar tus talentos. Este proceso requiere dedicación, práctica y, a menudo, la voluntad de buscar orientación o tutoría. Por ejemplo, si tienes un don natural para la comunicación, unirte a un grupo de oratoria o hacer cursos puede ayudarte a perfeccionar esa habilidad. Este proceso de perfeccionamiento no sólo mejora la habilidad en sí, sino que aumenta tu confianza y sienta una base más sólida para tu ikigai.

Pero, ¿cómo nos aseguramos de que el aprovechamiento de nuestras fortalezas personales sirve a nuestro ikigai más amplio? Es crucial alinear estos puntos fuertes con un propósito. Sin un propósito, incluso las habilidades más refinadas pueden convertirse en búsquedas sin rumbo, carentes de la profundidad y la satisfacción que se obtienen cuando se vinculan a objetivos significativos. Piensa en tus puntos fuertes como si fueran herramientas; forjarlos en instrumentos que sirvan a un propósito puede conducir a una profunda realización. Pregúntese: ¿Cómo puedo utilizar mis habilidades para contribuir a mi comunidad o a la sociedad?

Esta alineación suele requerir una exploración abierta en la que la curiosidad se convierte en tu guía. Experimenta con nuevas formas de aplicar tus puntos fuertes. Póngalas a prueba en distintos escenarios: algunas podrían confirmar su camino, mientras que otras podrían redirigirle hacia lugares que no había considerado antes. Se trata de un viaje de autoexploración con el potencial de ampliar su comprensión de lo que realmente se le da bien.

También es esencial recordar que las fortalezas personales no existen de forma aislada. Se complementan y a veces se desafían mutuamente, creando una interacción dinámica que define tu potencial. Aceptar esto puede liberarnos del perfeccionismo, permitiéndonos ver los contratiempos o debilidades como oportunidades de crecimiento, en lugar de fracasos. Es esta mentalidad la que hace que las fortalezas personales dejen de ser meras habilidades y se conviertan en poderosos motores para alcanzar el ikigai.

Además, aprovechar las fortalezas personales también significa mantener un equilibrio. Aunque puede resultar tentador centrarse únicamente en las áreas en las que destacamos, el ikigai prospera cuando nutrimos todo nuestro ser. Esto incluye reconocer las áreas en las que no somos tan competentes y estar abiertos al aprendizaje continuo. Ir más allá de las zonas de confort no sólo amplía nuestro conjunto de habilidades, sino que también enriquece nuestro ikigai con diversidad y adaptabilidad.

Igualmente importante es crear un entorno de apoyo que fomente el desarrollo de nuestros puntos fuertes. Esto incluye rodearte de personas que te inspiren, te desafíen y fomenten tu crecimiento. Una red de compañeros y mentores puede aportar la perspectiva crítica y los comentarios necesarios para perfeccionar y aprovechar eficazmente tus talentos. Compartir las victorias y aprender de las experiencias compartidas puede ser uno de los aspectos más gratificantes de este viaje. A medida que evolucionamos, nuestros puntos fuertes e intereses pueden cambiar. El aprendizaje permanente y la adaptabilidad son filosofías clave del proceso de ikigai. Acepta los cambios cuando se produzcan y deja que guíen la evolución de tus intereses y habilidades. De este modo, el viaje hacia el descubrimiento de tu ikigai seguirá siendo vibrante y enriquecedor.

Reflexiona sobre cómo tus puntos fuertes pueden inspirar a los demás. Cuando están alineadas con un propósito, nuestras habilidades no sólo nos benefician a nosotros mismos, sino que crean ondas que pueden tener un impacto positivo en los que nos rodean. Ya sea a través de la tutoría, el servicio o simplemente siendo un modelo a seguir, la forma en la que aprovechas tus fortalezas puede ser inspiradora, llevando a otros a descubrir sus propios caminos hacia el ikigai.

En conclusión, reconocer y aprovechar tus fortalezas personales es como abrir la puerta al propósito de tu vida. Es un viaje que exige introspección, práctica, adaptabilidad y voluntad de contribuir más allá de uno mismo. Mientras recorres este camino, recuerda que tus puntos fuertes no son estáticos; crecen y evolucionan contigo. Acéptalas con humildad y orgullo, y deja que te lleven al corazón de tu ikigai, donde te esperan la plenitud y la alegría.

Capítulo 3:
La mentalidad ikigai

El viaje hacia el descubrimiento de tu ikigai no consiste sólo en encontrar la pasión y el propósito; se trata de cultivar una mentalidad que alimente estos elementos. En esencia, la mentalidad ikigai se nutre de una perspectiva positiva, de aceptar el cambio y de mantener un entusiasmo por aprender que alimente un sentido perdurable de asombro. Se trata de cambiar la percepción para ver cada día como una oportunidad, aceptar los fracasos como peldaños hacia la maestría y comprender que el crecimiento se fomenta tanto a través de los triunfos como de las pruebas. Esta mentalidad implica encontrar un equilibrio armonioso entre lo que resuena en tu alma y las realidades de la vida cotidiana. Al integrar estos principios en tus procesos de pensamiento, te abres a una existencia más rica y gratificante. Se trata de un ciclo continuo de introspección, renovación y crecimiento, que conduce a una vida en la que el propósito y la pasión no son meros ideales elevados, sino partes vivas y palpitantes de cada momento.

Cultivar una Perspectiva Positiva

En el corazón de la mentalidad Ikigai se encuentra una herramienta poderosa pero a menudo ignorada: el cultivo de una perspectiva positiva. Es más que una actitud; es una lente a través de la cual podemos ver el mundo, enriqueciendo nuestro viaje hacia la búsqueda de nuestro propósito único y vivir una vida plena. Para muchos, mantener una actitud positiva no es un rasgo inherente, sino una habilidad que puede perfeccionarse y cultivarse con la práctica, la paciencia y el esfuerzo intencionado.

Cambiar de perspectiva para abrazar la positividad no significa ignorar los retos de la vida o fingir que todo es perfecto. Por el contrario, se trata de reconocer las dificultades y elegir centrarse en las posibilidades en lugar de en las limitaciones. Esta mentalidad se alinea perfectamente con los principios del Ikigai al conducirnos suavemente hacia una vida más equilibrada y armoniosa. Al fomentar la positividad, las personas pueden potenciar cada uno de los cuatro pilares del Ikigai, aportando pasión, propósito y alegría de forma más vibrante a sus experiencias cotidianas.

Una de las estrategias más eficaces para cultivar una perspectiva positiva es la práctica de la gratitud. Dedicar unos minutos al día a reflexionar sobre aquello por lo que estamos agradecidos puede cambiar radicalmente nuestra mentalidad. Ya sea la calidez del sol que se filtra por nuestras ventanas, el aroma del café matutino o la presencia reconfortante de un ser querido, estos pequeños agradecimientos pueden acumularse y transformar nuestra perspectiva. La gratitud nos anima a reconocer la abundancia ya presente en nuestras vidas, fomentando un entorno interno propicio para que florezca la positividad.

Otra piedra angular en la construcción de una perspectiva positiva es el arte de la atención plena. Al anclarnos en el presente, estamos más en sintonía con nuestros pensamientos y emociones, observándolos sin juzgarlos. Esta conciencia nos permite detectar patrones de pensamiento negativos antes de que se conviertan en una espiral, lo que nos brinda la oportunidad de redirigir nuestra atención hacia narrativas más constructivas y edificantes. La atención plena, a menudo entrelazada con prácticas de meditación, nos ayuda a cultivar la resiliencia, enriquecer nuestro bienestar emocional y, en última instancia, aportar un toque de calma y claridad a nuestras aceleradas vidas.

La reflexión también es una herramienta vital. Al final de cada día, piensa en lo que ha ido bien y en lo que se puede mejorar. Enmarcando las experiencias como oportunidades de crecimiento, los contratiempos pierden fuerza y se convierten en peldaños. Esta actitud reflexiva no sólo refuerza nuestra perspectiva positiva, sino que también nos ayuda a descubrir ideas cruciales para el crecimiento personal y la alineación con nuestro Ikigai. Adoptar este proceso significa que siempre estamos aprendiendo, siempre evolucionando y siempre avanzando hacia nuestro mejor yo.

Rodearse de positividad es igualmente crucial. Relaciónate con gente que te eleve y te inspire, que emule la alegría y el propósito que buscas. Nuestro entorno, desde las personas con las que interactuamos hasta los espacios que habitamos, influye profundamente en nuestra mentalidad. Adaptar estos elementos puede crear un entorno propicio para que prospere la positividad. Considere la posibilidad de decorar su propio espacio con elementos que evoquen felicidad y creatividad, como obras de arte que resuenen con su alma o música que despierte su espíritu.

El bienestar físico no puede pasarse por alto cuando hablamos de positividad. Un cuerpo sano fomenta una mente sana. La actividad física regular, las comidas nutritivas y el descanso suficiente desempeñan un papel integral en la forma en que percibimos el mundo. Un estado físico en buen estado es como un terreno fértil para que la positividad eche raíces y crezca, reforzando la conexión entre nuestro cuerpo y nuestra mente, ya que trabajan en tándem para apoyar nuestra búsqueda de una existencia con sentido.

Además, el lenguaje da forma a la realidad. Las palabras que elegimos, ya sea en la conversación con los demás o en nuestro diálogo interno, influyen poderosamente en nuestra perspectiva. Sustituir las frases negativas por afirmaciones positivas puede ajustar gradualmente nuestra mentalidad. En lugar de lamentar una situación con un "tengo que hacerlo", replantéala con un "puedo hacerlo". Este sutil cambio no sólo altera nuestra actitud, sino que también mejora nuestro aprecio por el momento presente.

Una perspectiva positiva requiere ser cultivada como un jardín. La paciencia, la dedicación y la voluntad de podar lo que ya no nos sirve permiten que surjan magníficas flores de alegría y propósito. Cada pequeño paso dado para adoptar una visión más positiva es una semilla plantada hacia una vida alegre que está profundamente alineada con nuestro Ikigai.

Por último, recuerda que los contratiempos ocurrirán. Son una parte inevitable de la vida. El secreto está en cómo decidimos responder. Con una perspectiva positiva, cada desafío se convierte en una lección y cada lucha, en una oportunidad para demostrar resiliencia e ingenio. Acéptalos con el corazón abierto y, a cambio, llenarán tu viaje de crecimiento y plenitud.

A medida que vayas integrando estas prácticas en tu rutina diaria, notarás un cambio. La positividad no sólo mejora la vibración de todo tu ser, sino que también sienta las bases para una vida llena de propósito, asombro y potencial, todos ellos elementos clave para vivir tu Ikigai. Cultiva esta perspectiva con cuidado y observa cómo altera profundamente el tejido de tu existencia, permitiéndote tejer una vida extraordinaria y única para ti.

Abrazar el aprendizaje y la adaptación continuos

En el reino de la mentalidad Ikigai, abrazar el aprendizaje y la adaptación continuos se convierte no sólo en una opción, sino en una necesidad fundamental. La vida es dinámica, llena de circunstancias siempre cambiantes que nos obligan a mantenernos curiosos y abiertos de mente. A medida que avanzamos hacia nuestro ikigai, nuestra voluntad de aprender y adaptarnos determina nuestra capacidad para prosperar en medio del cambio. Al igual que la naturaleza demuestra resiliencia a través de sus ciclos, nuestro crecimiento personal florece cuando buscamos nuevos conocimientos y nos adaptamos a nuevas experiencias. Esta adaptabilidad no sólo nos mantiene relevantes en un mundo acelerado, sino que también alimenta nuestra pasión y nuestro propósito. Al ajustar nuestras velas con los vientos del cambio, desbloqueamos un potencial sin explotar y mantenemos nuestro espíritu vigorizado, lo que nos permite realinearnos con nuestro ikigai, independientemente de lo que nos presente la vida. Cada lección y adaptación refuerza el mosaico de nuestra existencia, inspirándonos a seguir persiguiendo un camino que resuene con longevidad y plenitud.

La curiosidad de toda la vida: El secreto de la energía juvenil es más que una mera subsección de "Abrazar el aprendizaje y la adaptación continuos"; es una clave vital para aprovechar el poder de tu niño interior. Adoptar una mentalidad de curiosidad permanente puede mantener el espíritu sin edad, vigorizar la mente y mantener vivos los colores de la vida. A menudo oímos hablar de la energía ilimitada de la juventud; ¿y si esa energía no estuviera ligada a la edad, sino al sentido de la maravilla? La curiosidad es un elixir que alimenta tanto nuestras mentes como nuestros espíritus, empujándonos a explorar, aprender y crecer más allá de los límites del pensamiento convencional.

En esencia, la curiosidad nos impulsa a hacer preguntas, a buscar conocimientos más allá de lo que actualmente comprendemos, dando forma a una visión del mundo dinámica y en constante expansión. Esta motivación intrínseca va de la mano con el concepto japonés de Ikigai, donde el propósito no es rígido ni monolítico. Por el contrario, es flexible: crece y se adapta a medida que avanzamos por las distintas etapas de la vida, alimentado por nuestra voluntad de aprender continuamente. Aquí es donde la curiosidad se entrelaza con el ikigai, actuando como su fuerza cinética, impulsándonos a aceptar nuevos papeles, oportunidades y retos con alegría y tenacidad.

Considera cómo se enfrentan los niños al mundo. Todo es nuevo, un rompecabezas por resolver o un misterio por desentrañar. Irradian curiosidad y se preguntan "por qué", "qué" y "cómo" a cada paso. Este mismo asombro infantil puede cultivarse a lo largo de la edad adulta, permitiéndonos seguir siendo jóvenes independientemente de los años que pasen. Comprometernos con nuestra curiosidad puede llevarnos a lugares inesperados, a descubrir nuevas pasiones, desarrollar nuevas habilidades e interactuar con personas e ideas diversas que pueden remodelar nuestro camino hacia el propósito.

Tomemos la famosa historia del curso de caligrafía de Steve Jobs como una parábola sobre el poder de la curiosidad. ¿Quién iba a imaginar que su interés por el azar revolucionaría más tarde la tipografía digital? Es un testimonio de cómo perseguir nuestras curiosidades, por abstractas o improductivas que parezcan en un principio, puede dar resultados inesperadamente fructíferos. La exploración guiada por la curiosidad puede revelar intersecciones que transforman los sueños en realidad, alineándolos con nuestro sentido del yo y nuestro propósito.

Es importante reconocer que la curiosidad permanente no consiste sólo en acumular conocimientos, sino en abrirnos al cambio y la adaptación. En un mundo en rápida evolución en el que los avances tecnológicos y los cambios sociales reconfiguran el panorama, la capacidad de adaptación puede influir enormemente tanto en la realización personal como en el éxito profesional. La curiosidad actúa como lubricante para la adaptación: nos anima a mantenernos flexibles, dando la bienvenida a nuevas oportunidades y modificando nuestros caminos para adaptarnos a la evolución del mundo sin perder de vista nuestros valores fundamentales.

Para cultivar esta curiosidad, empieza por ser consciente de la información y las experiencias a las que te expones. Lee mucho, viaja si puedes, participa en conversaciones profundas y cuestiona el statu quo.

Mientras trazas tu camino hacia el ikigai, piensa en aquello que te atrae de forma natural y explóralo sin miedo. Quizá sea una nueva afición, una carrera diferente o incluso un plato que no hayas probado. La voluntad de buscar, de aprender y de abrirse a diferentes perspectivas puede desencadenar una vitalidad juvenil que alimente todos los demás aspectos de su vida.

La curiosidad también debe verse como un asunto comunitario. Prospera cuando se comparte, cuando las ideas se intercambian, se cuestionan y se desarrollan. Participar con otras personas, debatir temas diversos y aprender de quienes te rodean puede ampliar tu propia comprensión y mantener alta tu energía mental. Los debates comunitarios, los talleres, los clubes de lectura y los foros proporcionan un rico tapiz de ideas y experiencias que avivan aún más el fuego de la curiosidad.

En el plano filosófico, mantener la curiosidad es un profundo acto de humildad. Reconoce que no tenemos todas las respuestas, que siempre hay algo más que aprender, descubrir y comprender. Esta postura no sólo mejora el crecimiento personal, sino que también profundiza las conexiones que tenemos con los demás. A medida que cultivamos esta apertura para aprender y adaptarnos, creamos espacio para la empatía y la compasión, cualidades inestimables para forjar relaciones duraderas y significativas.

Además, este enfoque aumenta nuestra resiliencia. Cuando la curiosidad es la piedra angular de nuestra mentalidad, los retos se convierten en oportunidades para crecer y aprender en lugar de obstáculos. Los obstáculos de la vida se vuelven menos desalentadores cuando los miramos a través de la lente de la curiosidad, preguntándonos qué podemos aprender y cómo podemos crecer a partir de la experiencia. Este proceso puede dar lugar a unas agallas y una adaptabilidad impresionantes, rasgos esenciales para navegar por las complejidades de la vida con facilidad y entusiasmo.

El camino Ikigai

En esencia, la curiosidad permanente es un aliado convincente en la búsqueda del Ikigai. Se trata de mantener la energía juvenil acogiendo los misterios y las incertidumbres de la vida con un corazón deseoso de aprender. Cuando la curiosidad te impulsa hacia adelante, cada día está impregnado de un sentido de la maravilla, y siempre hay algo nuevo esperando a ser desenterrado. Así que, deja que la curiosidad sea tu guía mientras te aventuras sin descanso hacia tu verdadero propósito, permitiendo que dé forma a una vida llena tanto de entusiasmo juvenil como de existencia significativa.

Capítulo 4:
Vivir intencionadamente con ikigai

Vivir intencionadamente con ikigai consiste en integrar el propósito en el tejido de nuestra existencia diaria, transformando cada acción en un reflejo de nuestras pasiones y valores más íntimos. No se trata sólo de fijarse metas elevadas, sino también de perfeccionar el arte de tomar pequeñas decisiones deliberadas que resuenen con nuestro verdadero yo. Si nos basamos en rituales y rutinas acordes con nuestro ikigai personal, creamos un marco sólido para una vida con sentido y plena. Esta alineación consciente de las acciones con el propósito nos permite navegar por las complejidades de la vida con una sensación de paz y alegría, invitándonos a saborear el viaje en lugar de sólo el destino. El poder de las acciones impulsadas por un propósito enciende una profunda energía dentro de nosotros, que nos permite vivir no sólo más tiempo, sino también con un tapiz más rico de experiencias y conexiones.

Fijar metas alineadas con tu ikigai

Imagina despertar cada mañana con una profunda sensación de claridad sobre tu día y la vida que quieres crear. Esta claridad proviene de conocer tu ikigai, tu razón de ser. Vivir intencionadamente significa no sólo identificar este propósito, sino alinear tus acciones diarias con él. Establecer objetivos que resuenen con tu ikigai acorta la distancia entre dónde estás y dónde quieres estar. Se trata de aprovechar esa llamada interior y traducirla en pasos tangibles que te lleven a la plenitud.

Cuando estableces objetivos alineados con tu ikigai, estás elaborando un plan para una vida que no sólo tiene éxito, sino que te llena profundamente. No se trata de objetivos arbitrarios ni de resoluciones tomadas deprisa y corriendo. Por el contrario, son intenciones meditadas y arraigadas en lo que realmente te importa. Tus objetivos se convierten en un reflejo de tus pasiones, tus puntos fuertes y la diferencia que quieres marcar en el mundo. Te conducen hacia un camino en el que la alegría y el propósito bailan en armonía.

La fijación de objetivos comienza con la autorreflexión. Profundiza en lo que realmente enciende tu pasión. Pregúntate qué actividades o pasatiempos hacen que el tiempo pase volando. Estos momentos en los que estás totalmente inmerso en una actividad suelen ser señal de la presencia de tu ikigai. Profundice en estas pasiones y pregúntese cómo pueden entrelazarse con su vida personal y profesional. Puede que el proceso no siempre sea sencillo, pero ahí reside la belleza del descubrimiento.

Una vez identificadas estas pasiones, es hora de considerar qué necesita el mundo que tú puedas ofrecer de forma única. Tu contribución se vuelve más potente cuando aborda un vacío o satisface una necesidad de tu entorno. Esto significa permanecer atento al mundo, escuchar sus llamadas no dichas y responder de forma auténtica.

Otro componente esencial es examinar cómo puede ser compensado por sus esfuerzos. Aunque la pasión y la contribución son fundamentales, combinarlas con un medio de vida sostenible garantiza que tu búsqueda del ikigai no sea una burbuja aislada, sino una parte práctica y sostenible de tu vida. Busca intersecciones en las que tu pasión se encuentre con la demanda del mercado y las necesidades sociales, allanando el camino hacia objetivos que no sólo tengan un propósito, sino que también sean gratificantes.

A continuación, aprovecha tus fortalezas y habilidades personales. Reflexione sobre sus logros pasados y reconozca los talentos que le permitieron alcanzar el éxito. Fíjate objetivos que aprovechen estos puntos fuertes para impulsar aún más tu camino hacia el ikigai. Si tu ikigai se siente ligeramente esquivo debido a lagunas en tus habilidades, considéralas áreas de crecimiento. Adopte la mentalidad de un estudiante eterno; la vida es un proceso de aprendizaje continuo, y cada día ofrece una nueva oportunidad para el desarrollo personal.

Crear objetivos alineados con su ikigai implica algo más que mera contemplación; requiere acción. Divida sus visiones a largo plazo en hitos más pequeños y manejables. Utilice los objetivos a corto plazo como bloques de construcción que le guíen gradualmente hacia su propósito final. Este enfoque paso a paso disminuye el agobio, y cada logro le impulsa hacia adelante con renovado vigor.

El camino del ikigai fomenta la flexibilidad. La vida es impredecible y ser demasiado rígido puede provocar un estrés innecesario. Permanece abierto a adaptaciones y transformaciones. Puede que tu camino no parezca una línea recta, y eso está bien. Es en el proceso de perseguir estos objetivos cuando aprendes y creces, descubriendo a veces nuevas capas de ti mismo y de tu propósito.

Incorporar tu ikigai al establecimiento de objetivos no consiste sólo en alcanzar puntos finales estáticos. Se trata de un viaje evolutivo de descubrimiento y realización. A medida que tu vida se desarrolla, tu comprensión de tu ikigai puede cambiar. Deja que tus objetivos sean dinámicos, que evolucionen en sincronía con tu creciente conciencia y tus experiencias. De este modo, fomentarás un compromiso permanente con tu propósito.

Una vez que hayas establecido tus objetivos, reflexiona sobre cómo se alinean con tus actividades cotidianas. Asegúrese de que sus acciones y rutinas diarias apoyan sus aspiraciones. Integra pequeñas acciones diarias que sean coherentes con tus objetivos más amplios, pero deja también espacio para la espontaneidad y la reflexión. Este equilibrio le mantiene comprometido con el aquí y el ahora, a la vez que le impulsa continuamente hacia su visión.

La inspiración puede ser un poderoso aliado. Rodéate de recordatorios de tu ikigai y tus objetivos. Ya sea a través de tableros de visión, diarios o simplemente revisando tus objetivos con regularidad, mantén el fuego de tus sueños ardiendo con fuerza. Recuerda que establecer objetivos por sí solo no es suficiente: es el compromiso con ellos lo que convierte los sueños en realidad.

Por último, no recorras este camino solo. Busca el apoyo de una comunidad o de personas que estén en sintonía con tu viaje. Participa en conversaciones que desafíen y renueven tu visión, manteniéndote conectado a tu propósito. Un compromiso compartido con el propósito, con personas de ideas afines, amplifica tu determinación, enriqueciendo tu búsqueda de una vida alineada con el ikigai.

El establecimiento de objetivos alineados con tu ikigai es una exploración continua de la alineación de tus pasiones más profundas con la misión de tu vida. Es un compromiso para vivir intencionada y apasionadamente, asegurándote de que cada paso que das resuena con tu verdadero yo. Con cada objetivo alcanzado, no sólo te acercas más a tus aspiraciones personales, sino que también contribuyes a un tapiz más amplio de significado y realización que repercute tanto en tu vida como en el mundo que te rodea.

El ikigai es una exploración continua para alinear tus pasiones más profundas con la misión de tu vida.

El poder de las pequeñas acciones diarias

Vivir intencionadamente con ikigai no se trata de grandes gestos; son las pequeñas acciones diarias las que realmente allanan el camino hacia una vida plena. Cada día ofrece una nueva oportunidad para tomar decisiones que se alineen con tu propósito principal, tejiendo gradualmente el tapiz de tu vida con hilos de intención. Al dividir los objetivos aparentemente monumentales en tareas manejables, nos capacitamos para avanzar de forma constante y significativa. Esta dedicación diaria ayuda a crear hábitos que transforman los sueños en realidad, ya que estas pequeñas acciones se acumulan y se acumulan con el tiempo, creando una base inquebrantable de propósito y alegría. Es en estos momentos, que a menudo pasamos por alto, donde arraiga profundamente la esencia del ikigai, que nos recuerda que el camino hacia la plenitud se forja en las sutilezas de la vida cotidiana.

El ikigai es el camino hacia la plenitud.

Rituales y rutinas: Anclar tu día con propósito son fundamentales para vivir intencionadamente con ikigai. Como hemos visto en las secciones anteriores, no se puede exagerar el poder de las pequeñas acciones diarias. Son las tareas aparentemente mundanas, repetidas con intención, las que dan forma a nuestras vidas y nos acercan a descubrir y vivir nuestro ikigai. Cuando nos involucramos en rituales y rutinas, nos anclamos en el presente, permitiendo que nuestro propósito nos guíe a través del flujo y reflujo de la vida cotidiana.

Los rituales sirven como poderosos anclajes porque transforman las tareas ordinarias en actos de intención. Por ejemplo, si establecemos un momento específico cada mañana para reflexionar o meditar, empezaremos el día alineados con nuestros valores y propósitos. Esto puede ser tan sencillo como disfrutar de una taza de té, saborear su aroma y dejar que el calor te prepare para los retos que te esperan. Sin embargo, no todas las rutinas tienen que ser tranquilas o solitarias. Pueden implicar interacción y compromiso con los demás, como compartir las comidas familiares o participar en actividades de grupo. Estas conexiones no sólo aumentan nuestro sentido de pertenencia, sino que también nos recuerdan lo que realmente importa. Al acercarnos a nuestras familias o comunidades con regularidad, seguimos creando recuerdos y estableciendo un sentido de propósito compartido.

Incorporar el movimiento a su rutina también puede influir profundamente en su sentido de propósito. Las actividades físicas, ya sea un footing matutino o una suave sesión de yoga, despiertan el cuerpo y despejan la mente. El movimiento fomenta una conexión entre lo físico y lo mental, armonizando nuestras energías y abriéndonos a nuevas ideas y perspectivas.

Otro aspecto clave de los rituales es su capacidad para fomentar la coherencia. La constancia, a su vez, crea hábitos. En los hábitos es donde la magia de las pequeñas acciones diarias es más prevalente. Cuando las acciones se entretejen en la vida cotidiana, se convierten menos en una tarea y más en una extensión natural de uno mismo. Además, las rutinas ofrecen una sensación de previsibilidad que puede ser especialmente reconfortante en tiempos turbulentos. Nos proporcionan un marco al que atenernos cuando el mundo parece caótico, proporcionándonos estabilidad y tranquilidad. Si nos ceñimos a una rutina, reforzamos nuestro sentido del orden y la disciplina, necesarios para navegar por la imprevisibilidad de la vida con entereza y aplomo.

Sin embargo, los rituales nunca deben sentirse como una carga. Por el contrario, deben evaluarse con regularidad y, si es necesario, adaptarse a medida que evoluciona la vida. Al igual que la naturaleza del ikigai es dinámica y cambiante, también debería serlo tu enfoque de las rutinas. Adáptelas a sus circunstancias actuales, asegurándose de que siguen siendo relevantes e inspiradoras.

Cuando establezca nuevos rituales, empiece poco a poco. A menudo es tentador revisar todo el día con una multitud de prácticas, pero el éxito radica en la simplicidad. Elige una o dos áreas en las que sientas la mayor necesidad de mejora o realización. Incorpore gradualmente nuevos elementos a su día, prestando a cada uno la atención que merece hasta que se convierta en una parte arraigada de su rutina.

Considere la posibilidad de documentar sus rutinas y reflexionar sobre ellas periódicamente. Escribir tus rituales te proporciona un registro tangible de tu viaje y te ayuda a controlar tu progreso. Es una forma de observar las capas de propósito que está añadiendo a su vida a través de cambios aparentemente diminutos.

En última instancia, los rituales y las rutinas son personales y únicos para cada individuo. No existe una fórmula única, ya que tu ikigai es inconfundiblemente tuyo. Honra tu viaje creando rituales que resuenen con tu interior. Acepta la libertad de experimentar y descubrir lo que mejor se alinea con tus valores y aspiraciones.

A medida que profundizamos en vivir intencionadamente con ikigai, deja que estos rituales te sirvan de brújula. Te guiarán a través de los retos y oportunidades diarios, asegurando que cada paso se dé con propósito e intención. Permíteles iluminar tu camino y profundizar tu conexión con la vida que deseas llevar.

Capítulo 5:
El papel de la comunidad en el ikigai

A medida que profundizamos en la esencia del *ikigai*, descubrimos la profunda influencia que ejerce la comunidad para guiarnos hacia una vida rica en significado y alegría. En culturas de todo el mundo, los individuos han extraído durante mucho tiempo fuerza, propósito y alegría de los vínculos que comparten con los demás. Cuando es la comunidad la que nos eleva, nos desafía y celebra con nosotros, nuestro viaje hacia la realización de nuestro *ikigai* se convierte en un esfuerzo compartido, no en una búsqueda solitaria. El calor de las conexiones humanas añade capas de propósito, convirtiéndose en el tejido que mantiene nuestras aspiraciones y sueños en su lugar. Cuando alimentamos estos vínculos, plantamos las semillas de la resistencia y el crecimiento, fortaleciéndonos no sólo a nosotros mismos, sino también a los que nos rodean. En esencia, el propósito de nuestra vida encuentra su máxima expresión cuando resuena a través de las vidas de los demás, creando un círculo ininterrumpido de dar y recibir. Las relaciones sólidas y solidarias alimentan nuestras pasiones y nos ofrecen nuevas perspectivas, recordándonos que, si bien nuestra búsqueda de la realización personal es profundamente individual, su impacto es maravillosamente comunitario.

Formar relaciones significativas

En el corazón de toda comunidad significativa se encuentra el tejido de relaciones que unen a los individuos con un propósito y un entendimiento compartidos. Ikigai, como concepto, prospera en este contexto de interconexión, en el que los individuos encuentran su lugar no sólo dentro de sí mismos, sino junto a los demás. Formar relaciones significativas no es sólo un detalle social; es una piedra angular del ikigai, que enriquece nuestras vidas con profundidad, apoyo e inspiración mutua.

Considere los momentos de silencio compartido con un amigo que le conoce íntimamente, o la emoción de un proyecto de colaboración con un colega que comparte su visión. Estas relaciones, forjadas en el crisol del tiempo y la experiencia, se convierten en conductos a través de los cuales puede crecer nuestro ikigai personal. Nos aportan la empatía y la percepción necesarias para descubrir quiénes somos y qué da sentido a nuestra existencia.

Las relaciones son dinámicas y están en constante evolución; requieren cuidado e intencionalidad. Al igual que el ikigai implica un delicado equilibrio entre pasión, misión, profesión y vocación, formar relaciones significativas exige compromiso, apertura y voluntad de invertir tiempo y esfuerzo. La inversión en estos vínculos no es sólo transaccional; es transformacional, y ofrece beneficios tangibles e intangibles.

Para muchos, el primer paso hacia la formación de relaciones significativas es entenderse a uno mismo. El conocimiento de uno mismo sienta las bases para establecer relaciones auténticas. Cuando eres consciente de tus valores, pasiones y objetivos, te resulta más fácil relacionarte con los demás a un nivel más profundo. Este autoconocimiento te guía a la hora de elegir en qué relaciones invertir y comprender lo que puedes aportar a cada interacción.

Una de las grandes ideas del ikigai es que no tenemos por qué embarcarnos solos en nuestros viajes. Los amigos, mentores y compañeros adecuados ofrecen perspectivas y apoyo que nunca habríamos considerado. Ya sea celebrando nuestros éxitos o capeando las tormentas de la vida, las personas que nos rodean dan forma a nuestras experiencias e influyen en nuestros caminos.

Un aspecto esencial para formar relaciones significativas es la comunicación. El diálogo abierto, honesto y empático sienta las bases de la conexión y el entendimiento. Se trata de escuchar tanto como de hablar, de reconocer las necesidades y las perspectivas de los demás y de permitirles que influyan y enriquezcan tu propio viaje vital.

Imagínate recorrer un camino en el que cada persona que conoces se convierte en un maestro potencial o en un compañero de viaje. Reconocer el valor único que cada persona aporta a tu vida permite intercambios más enriquecedores. Conduce al crecimiento y al respeto mutuo, alimentando un círculo cada vez más amplio de relaciones que contribuyen a la realización colectiva del ikigai.

Para fomentar estas relaciones significativas, uno debe ser proactivo. A menudo implica salir de la propia zona de confort, explorar nuevas comunidades o profundizar en las ya existentes. Unirse a grupos con intereses comunes o participar en actividades comunitarias puede ser una forma de conocer a personas con ideas afines, lo que mejora tanto el ikigai personal como el comunitario.

Sin embargo, el proceso no siempre es fácil. Puede implicar vulnerabilidad y el riesgo de rechazo o malentendidos. Pero, como ocurre con todo lo que merece la pena, los pasos que se dan para formar y mantener relaciones significativas son pasos hacia una vida llena de propósito y alegría. Estas relaciones nos invitan a estar más presentes, a ser más generosos y, en definitiva, a sentirnos más realizados. Estar presente durante las interacciones -no distraído ni a medias- genera confianza y aprecio. Es ser consciente del momento y de las personas que tienes delante, haciéndoles saber que importan y que sus contribuciones son valoradas.

En el abrazo de las relaciones significativas, reside el potencial del ikigai compartido. Cuando los individuos unen sus propósitos únicos, se produce un efecto sinérgico. Esta colaboración puede dar lugar a iniciativas comunitarias, al cambio social o, simplemente, a un vínculo reforzado entre amigos o colegas que se esfuerzan por alcanzar ambiciones comunes.

En conclusión, establecer relaciones significativas no es sólo cuestión de felicidad personal, sino de contribuir a una comunidad de bienestar más amplia. Las personas con las que nos relacionamos hacen eco en la narrativa más amplia del ikigai, tejiendo una historia compartida de propósito y realización. Al igual que una llama compartida se hace más fuerte, nuestro ikigai compartido ilumina nuestro viaje colectivo, haciendo que cada paso sea más rico, profundo e inspirador.

Al dedicarnos a esta práctica, honramos no sólo nuestros caminos personales, sino también los hilos que entrelazan nuestra comunidad, construyendo un mundo en el que cada individuo es visto, escuchado y valorado. Las relaciones, por tanto, no son meros accesorios de nuestras vidas, sino hilos esenciales que entretejen el tejido de nuestra existencia, creando un tapiz de propósitos compartidos, iluminado por la luz guía del ikigai.

Construyendo redes de apoyo para el ikigai compartido

Nosotros prosperamos cuando estamos rodeados de otros que resuenan con nuestro propósito. A medida que crecemos en nuestra comprensión del ikigai y del profundo papel que desempeña en la realización personal, se hace evidente que la comunidad y las redes de apoyo no sólo son útiles, sino esenciales. Estas redes son como un suelo fértil que nutre nuestro ikigai y le permite florecer, aprovechando los recursos compartidos y la sabiduría colectiva.

En un mundo que a menudo da prioridad a los logros individuales, es fácil olvidar la simple verdad de que somos seres inherentemente sociales. Nuestras conexiones con los demás nos ayudan a navegar por las complejidades de la vida. Cuando compartes tu camino hacia el ikigai con una red, se magnifican tus esfuerzos y te proporciona una red de seguridad en los momentos difíciles. Una red de apoyo puede abarcar desde la familia y los amigos hasta los colegas y los grupos comunitarios, todos ellos contribuyendo de forma única a tu sentido del propósito.

Imagínate esto: una comunidad en la que todos bullen con su propio ikigai, pero interconectados a través de valores y objetivos compartidos. No se trata sólo de un grupo de apoyo, sino de un ecosistema en el que el propósito de cada individuo vigoriza e inspira al resto. Este entorno fomenta el intercambio de ideas y perspectivas, actúa como caja de resonancia de nuevos pensamientos y ofrece compañía frente a las inevitables dificultades de la vida.

La creación de estas redes comienza con la formación de relaciones significativas, un tema que hemos tratado en secciones anteriores. Pero también implica buscar a aquellos cuyas perspectivas vitales coincidan con tu propio ikigai. Estas son las personas que "te entienden", que comprenden tus sueños y ambiciones, y que pueden ofrecerte comentarios constructivos y ánimos. Para entablar este tipo de relaciones, es fundamental escuchar activamente. Esto significa no sólo escuchar las palabras, sino también comprender las intenciones, emociones y motivaciones.

El ikigai compartido ofrece un inmenso potencial para la acción colectiva. Piense en cómo un grupo de individuos, cada uno con un objetivo similar, podría unir sus esfuerzos para crear algo mucho mayor de lo que podrían lograr por separado. El voluntariado en proyectos comunitarios locales, la afiliación a clubes o grupos sociales centrados en intereses comunes, o incluso la participación en foros en línea son formas de alimentar el ikigai compartido. Al participar en estas redes, no sólo se beneficia del apoyo tangible que ofrecen, sino también de la exposición a diversas formas de pensar. Participar en opiniones variadas le obliga a reevaluar sus creencias y suposiciones, lo que conduce al crecimiento personal y al perfeccionamiento de su propio ikigai. Es un proceso tan gratificante como esclarecedor, que enciende la curiosidad y despierta la creatividad.

A veces, sin embargo, tendrás que tomar la iniciativa para crear estas conexiones, especialmente cuando no se forman orgánicamente. Empieza por identificar los valores e intereses que quieres compartir. Ya sea el amor por la naturaleza, el interés por el arte o la pasión por la enseñanza, muéstrate. Organiza pequeños encuentros, asiste a seminarios o únete a grupos que coincidan con estos intereses. Además, es fundamental que estas redes de apoyo estén impregnadas de compasión y empatía, como recordatorios de nuestra humanidad común. Ayudar a los demás a alcanzar su potencial mientras ellos te ayudan a ti crea un bucle de retroalimentación positiva que mantiene la comunidad vibrante e impulsada. La empatía actúa como un pegamento que une al grupo, garantizando que todos se sientan valorados y comprendidos.

La verdadera realización a través del ikigai compartido a menudo significa soportar la carga del dolor ajeno tanto como su alegría. Encontrar tu ikigai no significa que todos los problemas desaparezcan. Por el contrario, los miembros de tu red te ayudan a compartir la carga. Cuando te encuentras con contratiempos, tu comunidad puede ofrecerte perspectivas y soluciones que quizá no habrías considerado solo. En los momentos de duda, las experiencias compartidas de tu red de apoyo actúan como faros de esperanza, destacando nuevos caminos y posibilidades. Estos encuentros aumentan la resiliencia y refuerzan tu determinación a la hora de perseguir tus sueños. Cuando otros miembros de tu comunidad logran avances, sus triunfos alimentan tu entusiasmo y renuevan tu fe en el camino.

En última instancia, el ikigai compartido saca el concepto de propósito individual del aislamiento y lo sitúa en la esfera colectiva, fusionando el crecimiento personal con el éxito comunitario. La creación de redes de apoyo desplaza el centro de atención de los viajes solitarios a los esfuerzos colectivos, en los que la interconexión amplifica nuestro propósito y nuestros logros.

Así que, mientras recorres tu camino para descubrir y vivir tu ikigai, pregúntate: ¿quién recorre este camino conmigo? ¿Formas parte de una red que no sólo te apoya, sino que también te reta a ser mejor? Considera no sólo lo que puedes ganar de estas conexiones, sino también lo que puedes aportar en el diálogo continuo de un propósito compartido.

Al fomentar estas relaciones significativas y desarrollar estas redes, estás creando una comunidad en la que tu ikigai -y el de ellos- puede prosperar. El proceso se centra menos en el destino y más en el viaje compartido, lo que hace que el descubrimiento del ikigai sea más enriquecedor y gratificante para todos los implicados.

El ikigai se convierte en un proceso en el que todos comparten un mismo objetivo.

Capítulo 6:
La dieta Ikigai: Alimentación para la longevidad

En el camino hacia una vida plena y prolongada, la dieta Ikigai surge como una armoniosa mezcla de alimentación consciente y nutrición sana, cuyo objetivo no es sólo nutrir el cuerpo, sino vigorizar el alma. Basada en la sencillez y el equilibrio, esta joya cultural no es sólo una dieta, sino un estilo de vida que celebra el arte de saborear cada bocado. Imagina cada comida como un ritual sagrado, donde la comida no es sólo combustible, sino una celebración de la abundancia de la vida. Al adoptar alimentos integrales y productos locales, participas en una danza intemporal de sabores y nutrientes, forjando una conexión con los ciclos de la naturaleza. Esta práctica te anima a bajar el ritmo, estar presente y dejar de lado las distracciones, invitándote a una comunión íntima con cada grano y cada planta. Si alineas tus hábitos alimentarios con tu ikigai personal, te encontrarás en el camino no sólo de la longevidad, sino de una vida enriquecida con propósito y vitalidad.

La alimentación y el ikigai son los dos pilares básicos de la alimentación y el ikigai.

Principios de la nutrición sana

En la búsqueda de una vida larga y vibrante, los alimentos que elegimos para comer tienen un poder sin igual. Cuando alineamos nuestras elecciones con los principios de la nutrición sana, no sólo conseguimos longevidad física, sino una sensación más profunda de plenitud que alimenta el alma. Estos principios no son sólo vitaminas o calorías; forman un puente que conecta nuestros cuerpos con el mundo natural, mejorando nuestra conexión tanto con la comunidad como con nosotros mismos.

En el corazón de la nutrición sana está la celebración de la simplicidad y el equilibrio. En el acelerado mundo actual, es fácil caer en la tentación de la comodidad por encima de la nutrición, recurriendo a comidas precocinadas o comida rápida. Sin embargo, la esencia de la alimentación sana nos pide que nos detengamos, reflexionemos y reconsideremos el impacto de nuestros hábitos alimentarios. Nos anima a elegir alimentos integrales -sin procesar y naturales- para alimentar nuestro cuerpo. Estas elecciones no sólo tienen que ver con nuestro sustento físico, sino que están arraigadas en el respeto a la tierra, entendiendo que lo que nutre el suelo también puede nutrirnos a nosotros.

Considere cómo las dietas tradicionales japonesas, ricas en verduras, cereales y marisco, encarnan de forma natural estos principios. Hay un ritmo y una armonía en las comidas que reflejan los ciclos naturales de la vida. La inclusión de verduras de temporada y pescado de origen local no sólo es inteligente desde el punto de vista nutricional, sino que es una forma de arte cultural que respeta los cambios de las mareas y las cosechas. En cierto sentido, la elección de estos alimentos se convierte en un ritual, una práctica diaria de gratitud y atención. Es flexible, se adapta a medida que cambian nuestras necesidades. Esta flexibilidad nos anima a escuchar a nuestro cuerpo y a reconocer las señales que nos envía. Los antojos pueden indicarnos qué nutrientes nos faltan, y los niveles de energía pueden indicarnos hasta qué punto nuestra dieta actual se ajusta a nuestras necesidades físicas. Esta alimentación intuitiva consiste en volver a conectar con nosotros mismos, fomentando un diálogo interior que nos lleve a ser más conscientes de nosotros mismos.

La nutrición sana también pone de relieve la importancia de controlar las porciones. No se trata de restringir nuestros platos, sino de aprender a saborear lo que consumimos. En las culturas donde la comida se aprecia de verdad, como en Japón, las comidas son más pequeñas y se tiene en cuenta cada bocado. Es un enfoque que contrarresta el consumo excesivo, enseñándonos a apreciar cada sabor, cada textura, en armonía con las señales naturales de saciedad de nuestro cuerpo.

Además, adoptar estos principios implica cultivar una paleta diversa. Al ampliar nuestras opciones alimentarias con una variedad de sabores y nutrientes, participamos en una forma holística de autocuidado. Esta diversidad estimula nuestro microbioma y refuerza nuestro sistema inmunitario, permitiéndonos prosperar. La incorporación de alimentos ricos en fibra, grasas saludables y proteínas magras garantiza que nuestro cuerpo funcione a su capacidad óptima, evitando enfermedades crónicas y mejorando nuestra vitalidad general.

Además, cocinar se convierte en una forma de meditación cuando nos adentramos en la nutrición sana. Al seleccionar los ingredientes con cuidado y prepararlos con atención, nos implicamos plenamente en el momento presente. Esta práctica es relajante en su sencillez y ofrece una sensación de calma en el caos de la vida cotidiana. Las imágenes, los sonidos y los aromas se convierten en una sinfonía de experiencias sensoriales, transformando el acto de cocinar en un acto de amor hacia nosotros mismos y hacia aquellos con los que compartimos nuestras comidas.

También es crucial reconocer el impacto moral y medioambiental de nuestras elecciones dietéticas. Una alimentación sana exige que seamos consumidores concienciados y que tengamos en cuenta la sostenibilidad de los ingredientes que utilizamos. Al dar prioridad a los productos ecológicos y de origen ético, respetamos la interconexión de nuestros ecosistemas. Este consumo consciente reduce nuestra huella de carbono y apoya los medios de subsistencia de los agricultores que trabajan con la naturaleza y no contra ella.

Pero la nutrición sana puede ir más allá de lo que tenemos en el plato. Nos invita a saborear la experiencia de comer, a apreciar plenamente los sabores y las texturas. Las comidas pueden convertirse en momentos de meditación, en los que bajamos el ritmo, respiramos y nos sumergimos en la gratitud por el sustento que tenemos ante nosotros. Esta atención plena transforma la comida de un hábito rutinario en una práctica enriquecedora que alimenta no sólo el cuerpo sino también el espíritu.

Otro aspecto importante es la dimensión social de la comida. Los vínculos que forjamos durante las comidas son vitales para nuestro bienestar emocional. Compartir alimentos sanos con amigos y familiares alimenta un sentimiento de comunidad y pertenencia que refuerza nuestro ikigai. Las comidas se convierten en algo más que un alimento; son una celebración de lazos, risas, conversaciones e historias compartidas.

Los principios de la nutrición sana nos animan a reflexionar sobre el impacto más amplio de nuestros hábitos alimentarios, no sólo para la salud personal, sino para comprender nuestro lugar en el tapiz global. Las decisiones que tomamos repercuten en los agricultores, los trabajadores y el medio ambiente de todo el mundo. Por ello, encarnar estos principios es una promesa de solidaridad y compasión en cada bocado.

Integrando estas prácticas, podemos transformar nuestro enfoque de la alimentación, convirtiéndola en una piedra angular de nuestro ikigai. La nutrición sana es menos una dieta y más una forma de vida, que alinea cuerpo, mente y espíritu en una sinfonía armoniosa. A medida que adoptamos estos principios, nos encontramos recorriendo un camino que no sólo prolonga la longevidad, sino que enriquece cada momento con propósito y alegría.

La nutrición sana es menos una dieta y más una forma de vida que alinea cuerpo, mente y espíritu en una sinfonía armoniosa.

Comida consciente: Saborear cada bocado

El camino hacia una vida plena y larga comienza con el cultivo de hábitos que nutran tanto la mente como el cuerpo. Uno de estos hábitos, profundamente arraigado en la cultura japonesa del Ikigai, es la alimentación consciente. Esta práctica implica un enfoque intencionado del consumo de alimentos, apreciando cada momento desde el primer bocado hasta el último. No se trata sólo de consumir nutrientes para sobrevivir; se trata de deleitarse con la sinfonía de sabores, el acto de preparación y la gratitud por el sustento que proporciona la naturaleza.

Imagínese sentándose a comer, libre de distracciones. Su teléfono está silenciado, la televisión apagada y su única atención se centra en el plato que tiene delante. Cada ingrediente cuenta una historia, desde el tomate maduro que absorbió el sol del verano hasta los granos de arroz meticulosamente cultivados durante meses. La alimentación consciente nos pide que hagamos una pausa y disfrutemos realmente de la experiencia. Transforma las comidas de un repostaje rutinario en una celebración de la vida.

La alimentación consciente también nos brinda la oportunidad de reflexionar sobre el origen de los alimentos. ¿De dónde proceden? ¿Quién los ha cultivado, cosechado o preparado? Esta conciencia no sólo fomenta una conexión más profunda con tus comidas, sino que también te invita a considerar las implicaciones éticas y medioambientales de tus elecciones. Apoyar a los agricultores que practican la agricultura sostenible, por ejemplo, alinea su consumo con los principios más amplios del Ikigai: vivir en armonía con la naturaleza y respetar los recursos del mundo.

Las investigaciones sugieren que comer con atención plena puede mejorar significativamente la digestión, reducir el exceso de comida y aumentar la satisfacción. Al reducir la velocidad y masticar bien, el cuerpo tiene tiempo para digerir correctamente, lo que garantiza la máxima absorción de nutrientes. Esto concuerda con el enfoque holístico del Ikigai, en el que todos los aspectos de la vida están interconectados: la alimentación consciente no sólo influye en la salud física, sino también en la claridad mental y el bienestar emocional.

Tal vez te preguntes cómo incorporar esto a tu rutina diaria, sobre todo cuando el tiempo parece escaso. Empiece con pasos pequeños y manejables. Puede empezar dedicando una comida al día a esta práctica. Observa los colores de tu plato. Perciba el aroma. Pruebe cada bocado deliberadamente y concéntrese en las texturas. Con el tiempo, estos sencillos gestos se convertirán en algo natural, mejorando su relación con la comida y convirtiendo las comidas diarias en momentos de paz introspectiva.

El término japonés "hara hachi bu" resume a la perfección la esencia de la alimentación consciente. Aconseja dejar de comer cuando uno está lleno al 80%, un principio que se practica en Okinawa, famosa por su alta concentración de centenarios. Es una invitación a escuchar al cuerpo, a reconocer las señales de saciedad que envía de forma natural, lo que permite moderarse sin privarse de nada.

Además, este enfoque fomenta la gratitud, una piedra angular de la vida consciente. Antes de empezar a comer, tómese un momento para dar las gracias. Ya se trate de un agradecimiento silencioso o de una oración compartida en una mesa común, la gratitud mejora la atención plena al desplazar la atención del mero consumo a la abundancia que ofrece la vida.

La alimentación consciente también puede fomentar las conexiones comunitarias, un elemento esencial del Ikigai. Compartir las comidas con la familia y los amigos enriquece la experiencia, transformándola en una oportunidad para estrechar lazos y compartir la alegría. En estas reuniones no se trata sólo de la comida en sí, sino de las historias y las risas que se intercambian, el apoyo mutuo y el fomento de las relaciones humanas.

A medida que practiques saborear cada bocado, puede que encuentres una ventaja inesperada: la renovación de la curiosidad por la cocina. Puede que se sienta inspirado para explorar nuevas recetas, descubrir diferentes tradiciones culinarias o visitar mercados locales. Este entusiasmo alimenta un amor por el aprendizaje que dura toda la vida, una búsqueda que mantiene la mente vibrante y comprometida.

En última instancia, la alimentación consciente dentro del marco del Ikigai tiene menos que ver con lo que comes y más con cómo lo comes. Es un viaje en constante evolución que resuena con la alegría intrínseca de vivir. Al adoptar esta práctica, te alineas con una profunda filosofía de vida que valora la presencia, la salud y la armonía.

A medida que continúes explorando los principios del Ikigai, deja que cada comida sea un regalo que te haces a ti mismo, una oportunidad para estar en comunión con la generosidad de la naturaleza y un testimonio de vivir intencionadamente. Saboreando cada bocado, deja que te guíe hacia una existencia más plena, equilibrada y alegre.

Capítulo 7:
Ikigai y bienestar

En este capítulo, exploramos la profunda conexión entre ikigai y bienestar, integrando cuerpo y mente en una sinergia armoniosa. Es más que salud física; se trata de alcanzar un estado en el que tus energías mentales, emocionales y espirituales se alineen con el propósito de tu vida. Descubrir tu ikigai no sólo aporta claridad a tus objetivos, sino que también fomenta un estilo de vida rebosante de vitalidad y plenitud. El movimiento desempeña aquí un papel fundamental: no lo veas sólo como ejercicio, sino como una celebración de la vida. Cuando ves la actividad física como una medicina para el alma, desbloqueas una energía vibrante que se extiende a todos los aspectos de la vida. Al participar en prácticas conscientes que ponen a punto tanto el cuerpo como la mente, fomentas un bienestar integral que te permite avanzar con confianza hacia el objetivo que te has propuesto. Recuerde que el núcleo del bienestar a través del ikigai no se encuentra en la búsqueda incesante, sino en la alegría del propio viaje, ya que cada paso abre nuevos caminos para enriquecer su existencia.

La sinergia del cuerpo y la mente

Comprender la profunda conexión entre cuerpo y mente es crucial en el camino hacia el descubrimiento de tu ikigai. Esta unidad no es sólo un concepto; es un estilo de vida, una armonía que nos permite comprometernos más plenamente con el mundo que nos rodea. En muchos sentidos, el cuerpo y la mente son como dos bailarines que se mueven en sincronía y cada paso afecta al equilibrio y la gracia del otro.

Cuando ambos forman una danza simbiótica, abrimos la puerta al verdadero bienestar y la plenitud.

La mente ejerce una influencia innegable sobre el cuerpo. Los pensamientos y las emociones pueden manifestarse físicamente, afectando a todo, desde nuestra postura hasta nuestra salud. Imagínese el impacto del estrés, que puede provocar tensión en el cuello o palpitaciones. Del mismo modo, la alegría y la risa pueden elevar nuestro espíritu y mejorar nuestro bienestar físico. Al alimentar esta sinergia, aprovechando el poder del pensamiento positivo y la inteligencia emocional, permitimos que el cuerpo florezca y vigorice nuestro estado mental.

La relación es recíproca. Al igual que la mente influye en el cuerpo, también el estado de nuestro ser físico afecta a nuestra claridad mental y a nuestra salud emocional. El ejercicio, por ejemplo, libera endorfinas, que a menudo mejoran el estado de ánimo y reducen la ansiedad. La actividad física regular no sólo fortalece los músculos, sino que también agudiza la mente, fomentando una perspectiva de la vida más resistente y adaptable. Resulta evidente que cuando cuidamos nuestro cuerpo, nuestra mente se ve recompensada con una mayor concentración y resistencia.

No es raro oír que "el movimiento es medicina". Esa frase encierra una gran verdad. La actividad física es un elemento clave para mantener este equilibrio, ya que nos ofrece un estímulo natural, infunde energía a nuestros días y nos proporciona la claridad mental necesaria para perseguir nuestras pasiones. Sin embargo, no es necesario realizar entrenamientos exhaustivos o deportes rigurosos. Prácticas sencillas y conscientes como el yoga o el tai chi pueden ser increíblemente poderosas. Estas prácticas no sólo mejoran la fuerza física y la flexibilidad, sino que también cultivan un estado meditativo, lo que permite una exploración más profunda de uno mismo y del propósito.

Cultivar el potencial de la mente para influir en el cuerpo no se limita a reducir el estrés o aumentar la felicidad. Se extiende a prácticas que mejoran el funcionamiento cognitivo y el equilibrio emocional. Técnicas como la meditación, la atención plena y los ejercicios de respiración sirven como puentes para alinear la conexión mente-cuerpo. Estas prácticas nos animan a hacer una pausa, reflexionar y respirar, incluso en medio del caos. A medida que los pensamientos se asientan y surge la claridad, estamos más preparados para afrontar los retos con una mentalidad tranquila y reflexiva.

La nutrición también desempeña un papel integral en esta sinergia. Lo que le damos a nuestro cuerpo puede afectar directamente a cómo pensamos, sentimos y rendimos. Una dieta equilibrada no sólo nos mantiene físicamente sanos, sino que garantiza que el cerebro tenga los nutrientes que necesita para funcionar de forma óptima. Los alimentos ricos en omega-3, antioxidantes y vitaminas ayudan a mantener la agudeza mental y el equilibrio emocional, ofreciendo una base para una vida con más propósito.

Este entrelazamiento de cuerpo y mente requiere un enfoque holístico. Ambos aspectos se alimentan mutuamente, creando un ciclo de bienestar que es mayor que la suma de sus partes. Mientras trabajamos para crear esta sinergia, es importante recordar que la paciencia y la constancia son nuestros aliados. El progreso puede parecer lento, pero cada paso hacia el equilibrio fortalece nuestros cimientos y nos alinea más estrechamente con nuestro ikigai, nuestra razón de ser.

En su viaje hacia la armonía, tenga en cuenta las tradiciones y la sabiduría de otras culturas que han comprendido esta conexión desde hace mucho tiempo. Desde las filosofías orientales hasta las prácticas occidentales, la perspectiva global de la integración cuerpo-mente ofrece un rico tapiz de ideas y técnicas para explorar. Estas perspectivas nos recuerdan que, aunque los caminos pueden ser diferentes, el destino sigue siendo el mismo: una vida con propósito, armonía y plenitud.

Imagínese despertarse cada día con un sentido de propósito envuelto en un cuerpo lleno de energía y una mente en paz. Este es el don de comprender y alimentar la sinergia entre el cuerpo y la mente. Es una práctica continua, una danza esencial a través de la vida que nos guía hacia nuestro verdadero norte. Al abrazar esta unión, sentamos las bases para vivir no sólo más tiempo, sino con más entusiasmo y sentido. No se trata sólo de longevidad; se trata de experimentar la vida como un viaje vibrante, cada paso enriquecido por el equilibrio que cultivamos dentro de nosotros mismos.

A medida que avanza, considere qué prácticas resuenan más con su viaje personal. ¿Qué pasos puedes dar hoy para mejorar la sinergia de tu cuerpo y tu mente? Recuerda que se trata de un esfuerzo personal, una danza que sólo tú puedes coreografiar. Acepta las pequeñas victorias; son los cimientos de una vida plena. En estos momentos, tu ikigai se hará más claro y te guiará con confianza a través de la intrincada danza de tu existencia única.

El movimiento como medicina: Incorporar la actividad física a la vida

El viaje para encontrar tu ikigai se enriquece con la sinergia entre el cuerpo y la mente. No se trata sólo de lo que haces intelectualmente, sino de cómo te involucras físicamente, lo que puede tener un profundo impacto en tu sentido de propósito y bienestar. Muchos estudiosos y psicólogos llevan mucho tiempo haciendo hincapié en esta conexión, señalando que la actividad física no es simplemente una forma de mantenerse en forma; es un componente esencial de una vida equilibrada, que actúa como catalizador de la claridad emocional y mental. Cuando nos movemos, nos llenamos de energía, nos curamos y, lo que es más importante, vivimos intencionadamente a través del ritmo de nuestros movimientos.

Piensa en el movimiento no sólo como ejercicio, sino como una forma de vida. En muchas culturas, especialmente en Japón, donde se originó el concepto de ikigai, existe una mezcla perfecta de vida cotidiana y actividad física. Se trata de incorporar el movimiento a la rutina diaria de un modo que resulte natural y útil. No es necesario ir al gimnasio durante horas para obtener beneficios; en su lugar, piense en pequeñas acciones constantes que se ajusten a su estilo de vida. Por ejemplo, ir andando o en bicicleta al trabajo, participar en una sesión de yoga a la hora de comer o incluso pasar un rato en el jardín. Cada paso, cada momento de movimiento, sirve como recordatorio de la vitalidad y la alegría que aportas a tu vida.

Las investigaciones han demostrado que la actividad física puede reducir los síntomas de la depresión y la ansiedad, mejorar el estado de ánimo y potenciar la función cognitiva. Estos beneficios se manifiestan porque el movimiento estimula la producción de endorfinas, que son los elevadores naturales del estado de ánimo del cuerpo. Al incorporar el movimiento intencionado a nuestra vida diaria, aprovechamos esta poderosa fuente natural de bienestar. Considérelo no sólo como un tratamiento, sino como una medida preventiva, una forma de mantener un estado mental equilibrado.

A medida que incorporamos la actividad física a nuestras vidas, es crucial encontrar actividades que se alineen con nuestras pasiones y nuestro sentido único del ikigai. La clave está en buscar formas de movimiento que nos aporten alegría y satisfacción, no sólo tareas rutinarias. ¿Le gusta la tranquilidad de los estiramientos matutinos? ¿Se le acelera el corazón de emoción en una ruta de senderismo? Éstos son los tipos de movimientos que llaman a nuestros espíritus, instándonos a alinear nuestras energías físicas y mentales más armoniosamente.

Además, la actividad física a menudo trae consigo un sentido de comunidad y pertenencia. Los deportes de equipo, las clases de baile y las sesiones de yoga en grupo son algo más que oportunidades para estar activo: son vías para conectar con los demás a un nivel más profundo. Al establecer estas conexiones a través del movimiento, a menudo encontramos redes de apoyo que mejoran nuestro sentimiento general de pertenencia y satisfacción. Este aspecto de comunidad, entrelazado con la actividad física, fomenta un sentido compartido de propósito que resuena con el aspecto comunitario del ikigai.

Una de las comprensiones más profundas es que el movimiento es, de hecho, una forma de terapia. El ritmo aprendido del tai chi, la gracia controlada del ballet o la aventura al aire libre de una larga carrera no son sólo actividades: son meditaciones en movimiento. Estas prácticas nos permiten conectar profundamente con nosotros mismos, proporcionándonos un espacio para reflexionar, desprendernos de lo que nos agobia y abrazar la sencillez del ser.

Incorporar la actividad física no consiste únicamente en el acto en sí, sino en cambiar la perspectiva del movimiento. Se trata de abandonar la creencia limitadora de que el movimiento es un castigo o una tarea. En su lugar, considéralo una celebración de lo que el cuerpo puede hacer y una piedra angular para descubrir más sobre ti mismo. Tanto si levantas pesas como si simplemente das un paseo consciente, deja que cada movimiento hable a tu alma, recordándote tu capacidad y fortaleza.

Aunque nos esforcemos por conseguir rutinas perfectas, es importante ser compasivos con nosotros mismos. Habrá días en los que el movimiento parezca escalar una montaña y otros en los que parezca una suave brisa. El objetivo es la constancia y la intención, no la perfección. Escucha a tu cuerpo y satisface sus necesidades, tanto si requiere intensidad como descanso.

En última instancia, moverse con un propósito encarna la esencia del ikigai. Se trata de celebrar la vida a través del arte del movimiento, reconociendo que nuestra existencia física es un profundo regalo. Cuando nos atamos las zapatillas, nos sentamos en la esterilla de yoga o nos zambullimos en la piscina, no sólo estamos haciendo ejercicio; estamos eligiendo la vida, la felicidad y una conexión más profunda con nuestro verdadero yo.

El viaje hacia el bienestar a través del movimiento es continuo, adaptable y profundamente personal. Mientras exploras la integración del movimiento en tu vida, recuerda que se trata tanto de un esfuerzo mental y espiritual como físico. A través de esta exploración, se encontrará en la encrucijada vibrante de la salud y el propósito, listo para abrazar todo el espectro de la vida con vigor y gracia.

Capítulo 8:
Ikigai en el lugar de trabajo

En el vertiginoso mundo actual, encontrar el ikigai en el trabajo no consiste sólo en fichar a la entrada y a la salida, sino en crear una vida profesional rebosante de propósito y alegría. Imagina que entrelazas tus pasiones con tus tareas diarias, convirtiendo las obligaciones en oportunidades de crecimiento y realización. Tanto si te inspiras en un mentor como si aprovechas tus puntos fuertes en un proyecto de colaboración, el lugar de trabajo se convierte en un lienzo donde la ambición y el bienestar bailan en armonía. Se trata de encontrar ese "punto dulce" en el que lo que a uno se le da bien se encuentra con lo que el mundo necesita, creando un efecto dominó de positividad y productividad. Equilibrar la ambición con el bienestar no es sólo un objetivo: es un viaje continuo hacia la armonía entre la vida laboral y personal, garantizando que el éxito profesional no se produzca a costa de la felicidad personal. Adopta la idea de que cada reto es una oportunidad para alinearte más con tu propósito profesional, haciendo de los lunes algo que esperar con una chispa de entusiasmo y un corazón lleno de propósito.

Los lunes son una oportunidad para que te sientas más feliz.

Elaborar tu propósito profesional

En el dinámico panorama laboral, la búsqueda de un propósito profesional puede transformar lo mundano en extraordinario. No se trata sólo de ganar un sueldo o de ascender en la empresa, sino de alinear tu trabajo con tus valores y pasiones más profundos. Esta alineación, conocida en la filosofía japonesa como "ikigai", crea un equilibrio armonioso que alimenta la motivación y nutre la realización.

Ikigai en el lugar de trabajo comienza con la introspección. Empieza explorando tus pasiones y fortalezas, preguntándote qué te produce una inmensa alegría y dónde reside tu talento natural. Es aquí, en la intersección entre lo que te gusta y lo que se te da bien, donde a menudo encuentras las semillas de tu propósito profesional. Cuando identifiques las habilidades que no sólo te impulsan, sino que también sirven a una necesidad, podrás alinearlas con las actividades profesionales que te impulsarán hacia adelante.

Una vez que hayas identificado tus pasiones, el siguiente paso es preguntarte cómo pueden beneficiar al mundo. Esto requiere un cambio de perspectiva, de la ambición centrada en uno mismo a una visión más amplia e inclusiva. Piensa en el impacto que tu trabajo puede tener en la sociedad, el medio ambiente o incluso en tu comunidad local. De este modo, añadirás significado a tus tareas y conectarás más profundamente con los resultados de tu trabajo.

El aspecto práctico de la elaboración de tu propósito profesional a menudo se reduce a encontrar un trabajo que pague las facturas y, al mismo tiempo, esté alineado con tu misión personal. Es innegable que el dinero forma parte de la vida profesional, pero cuando uno se centra exclusivamente en él, la satisfacción puede resultar difícil de alcanzar. Las necesidades económicas no deben descartarse, pero perseguirlas en conjunción con tus pasiones a menudo conduce a una autosatisfacción que el puro beneficio económico no puede comprar.

Ikigai te empuja a pensar más allá de las trayectorias profesionales convencionales y a considerar un abanico más amplio de opciones. Te reta a integrar tus talentos, pasiones y contribuciones en una estrategia profesional coherente. A veces esto puede significar modificar tu función actual ampliando su alcance o buscando nuevas oportunidades que se ajusten mejor a tu ikigai. Tu propósito profesional debe ser tan dinámico como tú, evolucionando con nuevos intereses y demandas.

La esencia de la elaboración de un propósito profesional no se limita al beneficio individual, sino que se amplía para incluir un sentido de pertenencia y contribución a algo más grande que uno mismo. Esto es posible cuando el talento, la pasión y las necesidades socioeconómicas se superponen, creando un espacio en el que el trabajo se siente menos como una tarea y más como un esfuerzo con propósito. Cuando consigues esta alineación, no sólo cambias tu vida profesional, sino que también estableces el marco para una existencia más integrada y satisfactoria.

Superar los retos del lugar de trabajo se hace más llevadero cuando tu trabajo tiene un propósito. La adversidad y el estrés forman parte de cualquier trabajo, pero cuando se alinean con tu ikigai, se transforman en oportunidades para el crecimiento personal y la comprensión. A medida que perseveras y te adaptas, desarrollas resiliencia, un rasgo clave para mantener la satisfacción profesional y el rendimiento a largo plazo.

Incorporar el ikigai a tu vida laboral no significa que todos los momentos vayan a ser perfectos. En cambio, sugiere que encontrarás una profunda satisfacción de forma más constante, y que serás capaz de afrontar los inevitables contratiempos con energía y creatividad renovadas. Se trata de ver tu carrera a través de la lente del crecimiento continuo, donde cada experiencia -buena o mala- añade profundidad a tu trayectoria profesional.

Para muchos, la redefinición del propósito profesional puede requerir un compromiso más profundo con el aprendizaje y la adaptación. Puedes explorar nuevos campos o adquirir habilidades adicionales para adaptar mejor tu ikigai a las realidades del mercado laboral actual, en constante evolución. Este enfoque de aprendizaje permanente no consiste sólo en adquirir nuevas competencias. Se trata de cultivar una mentalidad que acepte el cambio como un elemento natural y productivo de tu propósito global. Al relacionarte con personas o grupos afines, puedes descubrir nuevas perspectivas y oportunidades para manifestar tu ikigai. El establecimiento de relaciones genuinas puede dar lugar a colaboraciones y proyectos que resuenen con tu propósito, proporcionándote crecimiento y satisfacción.

En última instancia, la búsqueda del propósito profesional a través del ikigai es un viaje activo y continuo. No es una decisión que se toma una sola vez, sino una práctica de vida intencionada en el lugar de trabajo. Al preguntarte continuamente qué es lo que amas, en qué eres bueno, qué necesita el mundo y dónde puedes ser remunerado, no sólo creas un propósito profesional, sino que creas una vida enriquecida por el significado y la alegría.

A medida que avanzas, recuerda que la creación de tu propósito profesional con ikigai no es sólo un objetivo, sino un camino que da forma a cada paso, decisión y momento de tu vida laboral. Abrazar este camino significa abrirse a las posibilidades, estar dispuesto a explorar y, sobre todo, disfrutar del viaje hacia una existencia profesional más satisfactoria.

Conciliación de la vida laboral y personal: Equilibrio entre ambición y bienestar

En la búsqueda del ikigai en el lugar de trabajo, es vital encontrar el delicado equilibrio entre ambición y bienestar. El panorama profesional moderno a menudo glorifica el ajetreo incesante, equiparando las largas horas de trabajo con el éxito y el compromiso. Pero al luchar por la realización personal y profesional, debemos reconocer que el verdadero éxito va más allá de subir la escalera de la empresa. Implica cultivar un estilo de vida que integre el trabajo con la satisfacción personal y la salud. Esta noción, aunque sencilla en teoría, exige introspección y un enfoque concienzudo.

Considere el concepto de armonía como una sinfonía, donde cada instrumento contribuye a un todo coherente y reposado. Si un instrumento ahoga a los demás, se pierde el equilibrio y la música se convierte en un caos. Del mismo modo, en la vida, cuando la ambición eclipsa el bienestar personal, el desequilibrio puede provocar agotamiento, resentimiento y un deterioro general de la calidad de vida. Por lo tanto, lograr un equilibrio armonioso se convierte en una tarea crucial, garantizando que ni la ambición ni el bienestar griten más fuerte que el otro.

Abordar la armonía entre la vida laboral y personal implica enmarcar la ambición en el contexto del bienestar. Es esencial evaluar periódicamente lo que nos impulsa y lo que a veces nos agota, ya que comprender estos elementos puede enmarcar nuestra trayectoria profesional. No se trata de abandonar la ambición, sino de reconfigurarla para que coexista con una vida que fomente la salud, la felicidad y la plenitud.

En el centro de este equilibrio está el conocimiento de uno mismo. Comprender nuestros límites y reconocer cuándo el trabajo empieza a obstaculizar la salud o la felicidad personal es fundamental. Comprobar regularmente lo que necesitamos para prosperar puede guiar nuestras acciones, inspirar cambios y dar forma a caminos que se alineen con nuestro ikigai. Pregúntate: "¿Sirve esta ambición a mi propósito más amplio? ¿Mejora mi vida o simplemente me llena el tiempo?". Estas reflexiones pueden ser profundas, cambiando sutilmente el enfoque de hacer más a hacer lo que importa.

Además, es esencial cultivar la resiliencia, aprender a adaptarse cuando las corrientes impredecibles de la vida lo exigen. Los trabajos cambian, las circunstancias de la vida se alteran y lo que una vez nos pareció correcto puede que ya no tenga la misma alegría o significado.

Abrazar esta fluidez nos permite realinear continuamente nuestras ambiciones con nuestro bienestar personal. Esta adaptabilidad no implica abandonar los objetivos a la primera señal de incomodidad, sino sintonizar con nuestra brújula interior para ajustarnos cuando sea necesario.

Integrar la alegría y la relajación en nuestra vida profesional es un componente importante de este equilibrio. Al participar en actividades que nos emocionan y rejuvenecen, evitamos la trampa de la monotonía y mejoramos nuestra capacidad de innovación y resolución de problemas. Ya se trate de un paseo rápido, de una afición interesante o de momentos de atención plena incorporados a nuestro día a día, estas prácticas nos llenan de energía que se filtra en nuestros esfuerzos laborales.

Los buenos líderes y las buenas organizaciones reconocen el valor de promover una cultura que aprecie la armonía entre el trabajo y la vida privada. Cuando los lugares de trabajo respaldan políticas y entornos que respetan el tiempo personal y fomentan el bienestar (como horarios de trabajo flexibles, días de salud mental o desarrollo profesional que incluye el crecimiento personal), invitan a una mayor productividad y aumentan la satisfacción de los empleados. En definitiva, alinear la ambición con el bienestar implica tomar decisiones conscientes y tener el valor de mantenerlas. A veces requiere decir "no" a cosas que nos restan bienestar y que merecen la misma dedicación y esfuerzo que ponemos en nuestras ambiciones. De hecho, encontrar el equilibrio no implica limitar nuestras capacidades o aspiraciones, sino empoderarnos para perseguir y alcanzar lo que realmente enriquece nuestras vidas.

En esta búsqueda, las historias de diversas culturas nos enseñan que una vida verdaderamente vivida es aquella en la que el corazón y la mente viajan en concierto. Del mismo modo que el ikigai une la pasión con el propósito, la armonía entre el trabajo y la vida une la ambición con el bienestar. Así, el lugar de trabajo se convierte no sólo en un lugar de crecimiento profesional, sino en un espacio en el que la vida cobra sentido: un capítulo de nuestra narrativa más amplia de una vida equilibrada y plena.

La armonía entre las ambiciones laborales y el bienestar personal es un viaje en constante evolución más que un estado fijo. Mientras seguimos buscando nuestro ikigai, reconocer esta interacción dinámica garantiza que no sólo vivimos, sino que prosperamos, creando no sólo una vida de éxito, sino una vida rica en calidad y satisfacción.

La armonía entre las ambiciones laborales y el bienestar personal es un viaje en constante evolución, no un estado fijo.

Capítulo 9:
Superar los obstáculos del ikigai

La vida rara vez es un viaje tranquilo, y la búsqueda del ikigai no es una excepción. No se trata de la ausencia de desafíos, sino de cómo los superamos con resistencia y fortaleza. Los contratiempos son inevitables, pero cada uno de ellos es una oportunidad para aprender, adaptarnos y reforzar nuestro compromiso con nuestro verdadero norte. La clave está en comprender que los obstáculos no son piedras en el camino, sino peldaños que nos guían hacia una comprensión más profunda de nosotros mismos y de nuestro propósito. Aceptar el cambio con un corazón abierto y un espíritu dispuesto nos permite sortear los giros impredecibles de la vida con gracia y valentía. Si nos centramos en la resiliencia y la adaptabilidad, no sólo podemos sobrevivir a estos retos, sino prosperar gracias a ellos, enriqueciendo en última instancia nuestro camino hacia el ikigai con sabiduría y experiencia.

Cómo afrontar los contratiempos y los desafíos

Cuando emprendemos el viaje para descubrir nuestro ikigai -nuestra razón de ser única-, los contratiempos y los desafíos son compañeros inevitables. El camino hacia la plenitud, como cualquier viaje significativo, rara vez es lineal. Está lleno de giros, vueltas y, en ocasiones, lo que parecen callejones sin salida. Sin embargo, es sorteando estos obstáculos como nos hacemos más fuertes y sabios. Entender cómo afrontar los contratiempos es crucial para mantener nuestra búsqueda de un propósito y vivir nuestro ikigai a diario.

En primer lugar, es esencial replantearse la forma en que percibimos los contratiempos. En lugar de verlos como fracasos o señales para abandonar nuestro camino, deberíamos verlos como valiosas lecciones. Cada reto nos ofrece una oportunidad para aprender y conocer mejor a nosotros mismos y nuestros deseos. Por frustrante que pueda resultar un obstáculo, es un momento para hacer una pausa, evaluar y realinear nuestras acciones con nuestros objetivos más profundos.

Abrazar una mentalidad de crecimiento es fundamental. Esta mentalidad nos anima a ver nuestras habilidades e inteligencia como maleables, moldeándose con cada experiencia. Cuando surgen contratiempos, la mentalidad de crecimiento nos recuerda que podemos mejorar mediante el esfuerzo y la perseverancia. Al ver los retos como peldaños hacia el desarrollo, podemos transformar la adversidad en una parte esencial de nuestra narrativa.

Al afrontar los retos inevitables de la vida, la resiliencia es tu firme aliada. La resiliencia no es un rasgo innato, sino una habilidad que se perfecciona con el tiempo a través de la experiencia y la reflexión. Es la capacidad de recuperarse de los contratiempos, manteniendo la atención en los objetivos a largo plazo a pesar de las dificultades a corto plazo. Cultivar la resiliencia implica practicar la autocompasión, establecer expectativas realistas y aferrarse a la creencia de que la adversidad es sólo temporal.

Un enfoque práctico para cultivar la resiliencia es mantener una base sólida de autocuidado. Esto incluye asegurarnos de que estamos bien equipados física y emocionalmente para afrontar los retos. La actividad física regular, las comidas nutritivas y un descanso adecuado desempeñan un papel importante a la hora de fortalecernos contra el estrés. Además, incorporar prácticas de atención plena como la meditación o escribir un diario puede ayudar a mantener la claridad mental y la estabilidad emocional.

Otra herramienta poderosa para hacer frente a los contratiempos es la adaptabilidad. La naturaleza impredecible de la vida exige un cierto nivel de flexibilidad. En lugar de adherirnos rígidamente a un camino predefinido, podemos adoptar un enfoque fluido, abierto a los cambios y oportunidades que puedan surgir inesperadamente. La flexibilidad nos permite ajustar nuestras velas a medida que cambian los vientos de la vida, ayudándonos a mantener el rumbo hacia nuestro ikigai.

Reflexionar sobre retos pasados también puede proporcionarnos orientación y fortaleza. Al examinar cómo hemos superado dificultades anteriores, podemos identificar patrones y estrategias que nos han servido. Esta reflexión no consiste sólo en contar las victorias pasadas, sino en comprender realmente los procesos que nos llevaron a superar los obstáculos. ¿Qué aprendimos? ¿De qué manera esas experiencias dieron forma a lo que somos hoy? Además, compartir experiencias y buscar el apoyo de los demás puede ser decisivo. Nuestras comunidades, ya sean familiares, amigos o mentores, a menudo nos ofrecen perspectivas y ánimos cuando más los necesitamos. Entablar un diálogo abierto sobre nuestros retos puede reducir el aislamiento que sentimos en los momentos difíciles y aportar nuevas soluciones o enfoques que no habíamos considerado. Es un recordatorio de que el viaje hacia nuestro ikigai no es algo que debamos recorrer solos.

También es importante fomentar una actitud optimista. El optimismo no significa ignorar los retos de la vida, sino centrarse en las posibilidades que presenta cada situación. Implica buscar el lado positivo de las cosas y encontrar la gratitud incluso en circunstancias difíciles. Practicar la gratitud puede cambiar nuestra mentalidad hacia el aprecio por lo que tenemos, ayudándonos a mantener la motivación y la esperanza.

Tampoco hay que subestimar el poder de los pequeños éxitos. Cuando nos enfrentamos a retos importantes, dividirlos en tareas manejables puede proporcionarnos una sensación de progreso y logro. Cada pequeño éxito crea un impulso que nos anima a seguir adelante. Celebrar estos hitos aumenta nuestra confianza y refuerza nuestro compromiso con objetivos más amplios.

Por último, la paciencia es una virtud que a menudo se requiere en el camino hacia el ikigai. Perseguir un objetivo no es una carrera; es un viaje que dura toda la vida y que evoluciona con nosotros. Nuestras pasiones pueden cambiar, nuestros puntos fuertes pueden crecer y las necesidades del mundo pueden cambiar. Abrazar esta fluidez requiere paciencia con el proceso y confianza en el desarrollo de nuestro viaje.

En conclusión, enfrentarse a contratiempos y desafíos es una parte inevitable del viaje del ikigai. Cultivando la resiliencia y la adaptabilidad, recurriendo a redes de apoyo, manteniendo el optimismo y celebrando las pequeñas victorias, podemos sortear estos obstáculos con gracia y determinación. Los contratiempos no son obstáculos; forman parte integral de nuestro desarrollo y nos convierten en las personas que estamos destinados a ser. A medida que superamos estos desafíos, nuestro sentido de propósito y realización se fortalece, acercándonos cada vez más a vivir nuestro verdadero ikigai.

Resiliencia y adaptabilidad en la búsqueda de tu verdadero norte

Abrazar tu ikigai es un viaje, no un destino. A medida que te aventuras por la vida, persiguiendo esa sensación casi etérea de propósito, los obstáculos son inevitables. Se presentan de muchas formas: acontecimientos inesperados de la vida, dudas internas o presiones sociales. Sin embargo, estos retos no tienen por qué desbaratar tu búsqueda. Por el contrario, sirven como maestros cruciales en tu camino hacia el descubrimiento de tu verdadero norte.

La resiliencia es algo más que una palabra de moda; es la columna vertebral de la búsqueda perdurable. Es la capacidad de recuperarse ante la adversidad, de encajar los golpes de la vida y seguir adelante. Imagina la resiliencia como un río que fluye sobre las rocas. El río no se detiene ante el obstáculo, sino que encuentra un nuevo camino, abriéndose paso con persistencia y gracia. Cuando te enfrentes a retos, es vital que cultives este mismo espíritu. Reconoce los contratiempos, pero no te obsesiones con ellos. Aprende, adáptate y sigue fluyendo. Esta mentalidad te ayuda a mantener el impulso en tu búsqueda y, con el tiempo, se convierte en una parte fundamental de tu forma de vivir con un propósito.

La adaptabilidad, por otra parte, garantiza que no seas rígido en tu enfoque. La vida está en constante cambio, y lo que funcionó ayer puede no ser eficaz hoy. Considera la adaptabilidad como la flexibilidad de un músico experto que improvisa en el escenario, respondiendo a los sutiles cambios de la sala y del grupo. Al perseguir tu ikigai, la adaptabilidad te permite ajustar tus velas en lugar de abandonar el viaje por completo cuando los vientos de la vida cambian de dirección.

La clave para fomentar la resistencia y la adaptabilidad reside en el conocimiento de uno mismo. Comprende tus puntos fuertes y débiles. Cuando lo haces, la resiliencia consiste en aprovechar tus puntos fuertes para superar los obstáculos, mientras que la adaptabilidad te permite transformar los puntos débiles en oportunidades de crecimiento. Este conocimiento de uno mismo no es un conocimiento estático, sino un diálogo dinámico y continuo con uno mismo. Empiece por aceptar la incomodidad. Desafíate a ti mismo con regularidad, ya sea emprendiendo un nuevo proyecto, aprendiendo una nueva habilidad o saliendo de tu zona de confort. Cada momento de incomodidad es un campo de entrenamiento para la resiliencia y la adaptabilidad. Es como un músculo que se fortalece con cada estiramiento.

Además, reflexiona sobre experiencias pasadas en las que demostraste resiliencia o adaptabilidad. ¿Qué hizo bien? ¿Qué podría haber hecho de forma diferente? Escribir un diario sobre estas experiencias puede proporcionarle valiosas ideas que le ayudarán a formular estrategias para aplicar en el futuro. Esta práctica reflexiva no sólo refuerza lo que has aprendido, sino que también aumenta tu respuesta intuitiva a los nuevos retos.

La comunidad también desempeña un papel fundamental. Rodéate de personas que encarnen la resiliencia y la adaptabilidad. Comparte tus experiencias y aprende de las suyas. A menudo, el mero hecho de contar tu historia puede iluminar soluciones que no habías visto antes. El apoyo de la comunidad actúa como un amortiguador, proporcionando diversas perspectivas que desencadenan nuevas formas de abordar los retos.

El viaje hacia tu ikigai también se facilita cultivando la gratitud. En medio del caos, la gratitud nos sostiene como las raíces de un árbol. Cuando se producen contratiempos, reflexionar sobre aquello por lo que estamos agradecidos puede desviar nuestra atención de lo que se ha perdido a lo que permanece, proporcionándonos una base estable desde la que saltar hacia delante.

Además, es esencial establecer objetivos realistas, dividiéndolos en pasos manejables. Este planteamiento no sólo reduce el agobio, sino que también permite realizar los ajustes necesarios, encarnando la mentalidad adaptativa. El progreso, aunque sea gradual, alimenta la resiliencia, recordándonos que cada paso nos acerca más a nuestro verdadero norte.

Es importante comprender que la vulnerabilidad no es la antítesis de la resiliencia. Por el contrario, es una compañera de viaje que nos permite estar verdaderamente abiertos a lo que la vida nos ofrece. La vulnerabilidad conduce a conexiones auténticas con los demás y a una autoaceptación más profunda, enriqueciendo nuestro camino hacia la plenitud.

En última instancia, la resiliencia y la adaptabilidad no son sólo estrategias, sino que se convierten en parte de tu historia. Dan forma a tu narrativa y forjan tu identidad como alguien que no se limita a existir, sino que prospera independientemente de las circunstancias. Al encarnar estos rasgos, te abres camino hacia un ikigai vibrante y sostenible.

En conclusión, recuerda que la resistencia y la adaptabilidad en la búsqueda de tu verdadero norte no son destinos. Son formas de ser, cualidades que impregnan tu vida diaria y te permiten enfrentarte a lo impredecible del mundo con valentía y creatividad. Mientras sigues explorando el ikigai, estos rasgos no sólo mejoran tu viaje, sino que también amplifican la satisfacción que encuentras en cada paso del camino.

Capítulo 10:
El ikigai a través de las culturas

El ikigai, con raíces profundamente arraigadas en la cultura japonesa, ha trascendido las fronteras geográficas y culturales, ofreciendo un marco universal para encontrar el propósito y la realización. En todo el mundo, los individuos están tejiendo la esencia del ikigai en el tapiz de sus vidas, cada cultura infundiendo sus matices y perspectivas únicos al concepto. En el ajetreo de las sociedades occidentales, el ikigai se adopta por su equilibrio holístico entre las pasiones personales y los compromisos vocacionales. Mientras tanto, en regiones como Escandinavia, conocidas por su ejemplar calidad de vida, el ikigai resuena por su énfasis en la comunidad, la naturaleza y la sencillez. Esta exploración transcultural enriquece el ikigai, transformándolo en una herramienta versátil y adaptable al contexto vital de cualquier persona, independientemente de su trasfondo cultural. Al comprender e integrar elementos de perspectivas mundiales, no sólo mejoramos nuestras búsquedas individuales de sentido, sino que también creamos un lenguaje compartido de propósitos que nos une en nuestra experiencia humana. Sea cual sea el rincón del mundo que llamemos hogar, el ikigai susurra que la vida puede vivirse plenamente, con la intención y la alegría en su esencia.

Perspectivas globales sobre el propósito y la realización

Al viajar por el mundo en busca del propósito y la realización, nos encontramos con diversas culturas que ofrecen perspectivas únicas sobre lo que significa vivir una vida con sentido. Aunque el concepto de *ikigai* está profundamente arraigado en la cultura japonesa, ideas similares resuenan en diversas sociedades, conectando con temas universales de propósito, felicidad y longevidad. La búsqueda de una vida llena de significado es un hilo común que teje el tapiz de la existencia humana y comprender cómo las diferentes culturas abrazan esta búsqueda puede enriquecer nuestras propias vidas.

En los países escandinavos, existe un concepto conocido como *lagom*, que se traduce aproximadamente como "la cantidad justa". Esta filosofía promueve la moderación, el equilibrio y el contenido, elementos clave para una vida con sentido. Al adoptar el *lagom*, las personas se esfuerzan por encontrar la armonía en su vida personal y profesional, evitando los excesos y viviendo de forma sostenible en sintonía con su entorno. Este enfoque anima a las personas a priorizar el bienestar por encima de la búsqueda incesante del éxito material, un sentimiento que resuena con la esencia del *ikigai*.

Al otro lado del globo, en la India, la práctica del yoga se asocia desde hace mucho tiempo con el autodescubrimiento y la plenitud. Más allá de sus aspectos físicos, el yoga ofrece una visión profunda de la mente y el espíritu humanos, guiando a las personas hacia una conexión más profunda consigo mismas y con el universo. Al fomentar la atención plena y la presencia, el yoga ayuda a los practicantes a cultivar la paz interior, la claridad y un sentido de propósito, muy parecido al *ikigai* en su estímulo para explorar las propias pasiones y fortalezas.

En las culturas latinoamericanas, el concepto de *bienestar* capta la idea de bienestar a través de la conexión y la comunidad. Los fuertes lazos familiares y las redes sociales vibrantes son fundamentales para encontrar la plenitud, ya que estas relaciones proporcionan apoyo emocional y un sentido de pertenencia. Este enfoque comunitario refleja la importancia de las relaciones significativas que se enfatizan en el *ikigai*, recordándonos que perseguir un propósito a menudo implica alimentar los lazos que compartimos con los demás, mejorando nuestra experiencia colectiva de la vida.

En Bután, la medida del éxito nacional no es el Producto Interior Bruto, sino la Felicidad Nacional Bruta. Este pequeño reino del Himalaya se centra en el bienestar holístico, haciendo hincapié en la sostenibilidad, la preservación cultural y la salud espiritual. Al dar prioridad a la calidad de vida sobre el beneficio económico, Bhután enseña al mundo que la felicidad y la plenitud no se derivan sólo de la prosperidad económica, sino que surgen de vivir en armonía con los valores y el entorno de cada uno.

En Australia, el concepto indígena de *Yarn* apunta a la narración de historias como forma de explorar el lugar de cada uno en el mundo. La transmisión de conocimientos a través de historias ayuda a las personas a conectar con su patrimonio, su comunidad y su entorno. Esta tradición subraya la importancia de comprender las propias raíces y cultivar un sentido de identidad y propósito a través de narraciones compartidas, un tema que se hace eco del aspecto introspectivo del *ikigai*, ya que los individuos reflexionan sobre el viaje de su vida y sus contribuciones.

A través de estos ejemplos, vemos que aunque cada cultura tiene su propio enfoque del propósito y la realización, surgen varias verdades universales. Las conexiones significativas, el equilibrio y la paz interior son componentes cruciales de una vida plena. Los valores de comunidad y sostenibilidad subrayan la importancia de alinear los objetivos personales con consideraciones sociales y medioambientales más amplias. Cuando integramos estos valores en nuestras vidas, estamos mejor equipados para encontrar nuestro verdadero propósito y cultivar la felicidad que fluye naturalmente de él.

Con el telón de fondo de estas diversas perspectivas, adquirimos una comprensión más amplia de lo que significa llevar una vida impulsada por un propósito. Las distintas contribuciones de las diferentes culturas ponen de relieve los diversos caminos que pueden conducir a resultados similares: una sensación de plenitud y alegría. Lo notable es cómo cada sabiduría cultural, independientemente de su origen, se alinea a la perfección con los principios del *ikigai*, un testimonio de la búsqueda universal de una vida equilibrada y alegre.

En el mundo interconectado de hoy en día, la comprensión de estas perspectivas globales sobre el propósito puede fomentar una apreciación de las diferentes formas en que las personas se esfuerzan por crear vidas significativas. La fusión de estas diversas filosofías nos dota de un conjunto de herramientas más rico para el desarrollo personal, animándonos a ampliar nuestros horizontes y a considerar estrategias alternativas en nuestra búsqueda de la plenitud. Al abrazar esta diversidad, podemos trascender las fronteras culturales y crear una vida más armoniosa y orientada a un propósito para nosotros mismos y para las generaciones futuras.

A medida que continuamos explorando la noción de *ikigai* en un contexto global, el camino hacia la realización personal se vuelve más claro. Las prácticas culturales que hemos examinado revelan que, aunque la terminología y las tradiciones puedan diferir, los objetivos subyacentes siguen siendo los mismos. Una vida con sentido está al alcance de quienes estén dispuestos a aprender de las diversas culturas del mundo y a incorporar estas valiosas lecciones a su viaje único.

En última instancia, en la búsqueda de una vida con sentido, cada perspectiva nos ayuda a ver nuestros retos y oportunidades a través de una nueva lente. Nuestra perspectiva global enriquece nuestra búsqueda del *ikigai*, inspirándonos en un intrincado tejido de sabiduría cultural que crea una base sólida sobre la que podemos construir nuestro propio y único sentido del propósito. Pone de relieve que la búsqueda de la plenitud no es un viaje solitario, sino que se beneficia de la sabiduría colectiva de la humanidad.

Adaptación del ikigai a diversos contextos vitales

En un mundo en constante cambio y evolución, la belleza del ikigai reside en su adaptabilidad a diversos contextos vitales. A medida que las personas exploran sus propios caminos hacia la plenitud, descubren que los principios básicos del ikigai permanecen inamovibles. Sin embargo, la aplicación de estos principios puede ser tan variada como los propios individuos, influidos por matices culturales, circunstancias personales y cambios sociales.

Imagínese a un joven profesional en la bulliciosa ciudad de Nueva York y a un educador jubilado en un sereno pueblo japonés, ambos en busca de la plenitud. Sus entornos, experiencias culturales y retos personales difieren drásticamente. Sin embargo, ambos pueden aprovechar la esencia del ikigai para dar sentido a sus vidas. Comprendiendo y adaptándose a sus contextos, pueden tejer una narrativa coherente de propósito.

Para muchos, el viaje comienza reconociendo el papel que desempeña la cultura en la configuración de sus percepciones de propósito. En las culturas occidentales, a menudo se hace hincapié en el individualismo y los logros personales. En este caso, el ikigai puede manifestarse como una carrera que se alinea con las pasiones personales o como una misión para introducir cambios en el mundo. Por el contrario, en las culturas más colectivistas, en las que se hace hincapié en las funciones comunitarias y familiares, el ikigai puede manifestarse en el fomento de los lazos familiares o en la contribución al éxito de la comunidad.

Incluso dentro de una misma cultura, las circunstancias personales determinarán la forma en que uno se comprometa con el ikigai. Pensemos en un profesional a mitad de carrera que, ante un despido, ve cómo su propósito cambia de la promoción profesional a la tutoría. Si adopta la flexibilidad del ikigai, podrá sentirse realizado apoyando a los demás, una tarea que no sólo se ajusta a sus habilidades, sino que también responde a una necesidad comunitaria.

Los cambios sociales también exigen una comprensión adaptable del ikigai. En un mundo cada vez más digital, están surgiendo nuevas profesiones y estilos de vida que desafían las nociones tradicionales de finalidad. Un nómada digital puede encontrar su ikigai en la fusión de trabajo y viaje, satisfaciendo su amor por la exploración al tiempo que aporta habilidades únicas a la economía global. La era digital ofrece una libertad sin precedentes para definir el propio camino, pero exige un esfuerzo consciente para permanecer conectado a los principios básicos del ikigai.

Comprender la fluidez del ikigai es crucial para quienes atraviesan transiciones vitales significativas. Un padre que se queda en casa y vuelve al trabajo, por ejemplo, puede tener dificultades al principio para conciliar su identidad pasada y futura. Sin embargo, al evaluar sus pasiones, sus puntos fuertes y las necesidades del mundo que les rodea, pueden redefinir su ikigai, transformando lo que pueden parecer capítulos inconexos de su vida en una narrativa cohesionada y orientada a un propósito.

Para algunos, adaptar el ikigai al contexto de su vida significa enfrentarse y aceptar la diversidad dentro de sí mismos. Esto incluye aceptar las imperfecciones, reconocer la evolución de las pasiones y permitir que el propio ikigai crezca con ellas. Este enfoque fomenta la resiliencia, ya que las personas se permiten reinventar su propósito sin miedo a ser juzgadas o a fracasar.

Las comunidades también pueden desempeñar un papel importante a la hora de dar forma y apoyar el ikigai individual. Al fomentar entornos en los que se celebra la diversidad de propósitos, las comunidades pueden mejorar el bienestar colectivo. Los grupos sociales, ya sean locales o virtuales, ofrecen valiosas redes de apoyo en las que las experiencias compartidas y las distintas perspectivas enriquecen mutuamente la búsqueda de un propósito.

En última instancia, adaptar el ikigai a diversos contextos vitales no consiste en adherirse rígidamente a un camino predefinido. Se trata de estar abierto al cambio, reflexionar sobre el propio viaje y permitir que los contextos personales y culturales guíen el desarrollo del propósito. Esta adaptabilidad no diluye la esencia del ikigai, sino que refuerza su relevancia en un mundo en constante cambio.

En un mundo marcado por la transformación constante, el ikigai se erige como un faro de equilibrio cimentado y propósito duradero. Aunque los contextos pueden variar enormemente, la reflexión y la búsqueda que fomenta siguen teniendo un significado universal. Mediante una adaptación consciente, el ikigai puede ser un compañero para toda la vida, que evoluciona junto al individuo para satisfacer las exigencias de un viaje vital impredecible.

Capítulo 11:
Ikigai para la próxima generación

A medida que navegamos por el cambiante paisaje del mundo moderno, el llamamiento a inculcar los principios atemporales del ikigai en las generaciones más jóvenes se hace más crucial que nunca. Al enseñar a niños y adolescentes el arte de encontrar la alegría en el propósito, les dotamos de las herramientas necesarias para construir una vida rebosante de sentido y satisfacción. Animarles a explorar sus pasiones, comprender sus puntos fuertes e identificar las áreas en las que pueden contribuir de forma significativa al mundo les ayudará a formar individuos capacitados y preparados para tener un impacto positivo. Adoptar el ikigai, no sólo como filosofía personal sino como misión colectiva, puede guiar a la próxima generación hacia un futuro en el que el propósito y la alegría sean intrínsecos a su existencia. Este viaje, aunque único para cada individuo, crea un tapiz de vidas interconectadas impulsadas por un propósito, lo que subraya la importancia de transmitir esta sabiduría perdurable como base para una vida plena.

El ikigai es una forma de vida, una forma de vida.

Enseñar los principios del ikigai a niños y adolescentes

Criar niños en el acelerado mundo actual conlleva sus propios retos. Como guardianes de la próxima generación, es nuestra responsabilidad dotar a las mentes jóvenes de las herramientas que necesitan no sólo para sobrevivir, sino para prosperar. Una de esas poderosas herramientas es el concepto de *Ikigai*. Inculcar los principios del ikigai a niños y adolescentes puede allanar el camino hacia una vida llena de propósito y alegría. Pero, ¿cómo llevamos a cabo esta misión? Empezando por comprender los elementos únicos del Ikigai y presentándolos de forma que resuenen en los corazones y las mentes de los más jóvenes.

En primer lugar, es crucial simplificar los principios básicos del Ikigai. Mientras que los adultos pueden entender la intersección entre pasión, profesión, vocación y misión, los niños necesitan algo más tangible. Empieza animándoles a explorar e identificar lo que les apasiona. Ya sea pintar, programar, bailar o simplemente jugar al aire libre, alimenta esa pasión. Recuerda que las pasiones pueden convertirse en sueños, y los sueños forjan el futuro. Enséñeles que lo que les gusta puede tener un lugar concreto en su vida cotidiana y, potencialmente, en su futuro profesional.

A medida que los niños crecen, empiezan a comprender de forma natural que sus acciones afectan al mundo que les rodea. Este es el momento perfecto para presentarles la idea de que lo que les gusta puede satisfacer las necesidades de los demás. Anímales a pensar en cómo sus aficiones o habilidades pueden servir para ayudar a la gente, a sus amigos o incluso a su comunidad. Ya sea escribiendo historias que inspiren a otros o inventando artilugios que hagan la vida más fácil, los niños pueden empezar a vincular sus pasiones con un propósito a una edad temprana.

Vivimos en una sociedad que a menudo equipara el éxito financiero con la autoestima, pero Ikigai ofrece una perspectiva más amplia. Es importante guiar a las mentes jóvenes para que comprendan que, aunque los ingresos son esenciales, no son la única medida del éxito. Muéstrales que cuando fusionas lo que amas con lo que el mundo necesita, también puede conducir a la estabilidad financiera. Fomente los campos y las actividades que tengan potencial económico, pero siempre enmarcándolos en el contexto de la alegría y la satisfacción, no sólo de un sueldo.

Los niños crecen gracias a las oportunidades de demostrar lo que se les da bien. Reconozca y celebre sus puntos fuertes, ya sea su habilidad para los números, su oído para la música o su ojo para el arte. La alegría de dominar una habilidad es un componente clave del Ikigai. No se trata sólo de aumentar su confianza, sino de reforzar la creencia de que todo el mundo tiene algo especial que ofrecer. Además, la mentalidad Ikigai prospera en un ambiente de aprendizaje continuo y curiosidad. Anime a los niños a hacer preguntas, a buscar el conocimiento más allá del aula y a ver cada dificultad como una oportunidad de aprendizaje. Esta curiosidad les será muy útil, ya que enriquecerá su comprensión y su aprecio por los diversos caminos y experiencias. Inculcarles desde pequeños el amor por el aprendizaje les ayudará a seguir siendo adultos adaptables, bien equipados para el rápido ritmo de cambio que les depara el futuro.

Enseñar a los niños a vivir intencionadamente con Ikigai implica crear hábitos que reflejen sus valores e intereses. Enséñeles a fijarse objetivos pequeños y alcanzables basados en sus pasiones e intereses. Puede ser completar un proyecto sencillo, aprender una nueva habilidad o contribuir a una tarea de grupo. Celebre cada hito, por pequeño que sea. Con el tiempo, estas "victorias" construyen una narrativa de logro y propósito.

No pasemos por alto la importancia de la comunidad y las relaciones en el viaje del Ikigai. Hay que animar a los niños a crear redes de apoyo entre sus compañeros y fomentar relaciones significativas. La participación en actividades de grupo o clubes puede enseñarles valiosas habilidades de trabajo en equipo y empatía, mostrándoles cómo su Ikigai puede ser experimentado y compartido, no sólo perseguido de forma aislada.

Por último, hay que recordar a los jóvenes que el viaje de la vida está lleno de desafíos y cambios. La resistencia y la capacidad de adaptación son fundamentales. Deben saber que los reveses no son fracasos, sino peldaños hacia su verdadero propósito. A través de historias, debates y ejemplos de tu propia vida, ayúdales a entender que el crecimiento a menudo viene de enfrentarse a los retos de frente.

Enseñar Ikigai a niños y adolescentes no es imponerles un marco rígido; es abrirles posibilidades. Es una invitación a explorar la riqueza de la vida y a encontrar la chispa que ilumina su camino. Al entretejer los principios del Ikigai en su tejido de comprensión, no sólo les estamos preparando para el futuro, sino que les estamos equipando para darle forma con alegría y propósito.

El Ikigai no es una forma de imponerles un marco rígido, sino de abrirles posibilidades.

Dar forma a un futuro con propósito y alegría

En un mundo en constante evolución, dar forma a un futuro rebosante de propósito y alegría no es solo un deseo, es una necesidad. Vivimos en una época en la que las almas jóvenes se enfrentan a presiones sin precedentes, desde las expectativas sociales hasta los obstáculos académicos, pasando por el ruido digital que les bombardea a diario. Es crucial, ahora más que nunca, dotarles de herramientas que les ayuden a superar estos retos con confianza y optimismo.

Ikigai, el concepto japonés de encontrar la propia razón de ser, ofrece un marco profundo para la próxima generación. No es sólo una noción arraigada en la tradición cultural, sino una lente transformadora a través de la cual los jóvenes pueden ver su potencial. Al adoptar el ikigai, les regalamos una brújula que no apunta al norte, sino a su verdadero norte: la intersección única de lo que les gusta, lo que saben hacer bien, lo que el mundo necesita y lo que les puede compensar.

El camino Ikigai

Para que las mentes jóvenes descubran su ikigai hay que empezar por la curiosidad. Debemos fomentar una cultura del cuestionamiento, en la que la búsqueda del conocimiento y la comprensión no se limite a los libros de texto, sino que nazca de un auténtico amor por el aprendizaje. Imaginemos una clase en la que cada pregunta planteada sea un peldaño hacia el autodescubrimiento, que lleve a los alumnos a descubrir pasiones que ni siquiera sabían que existían. Ése es el tipo de entorno que fomenta la verdadera alegría y el sentido de la finalidad.

¿Pero cómo fomentamos este entorno? Empezando por reimaginar la educación. La educación formal suele hacer hincapié en las calificaciones y los resultados, pero ¿y si también se centrara en cultivar los valores y los puntos fuertes individuales? Las escuelas podrían incorporar programas de tutoría en los que los alumnos aprendieran directamente de quienes ya están recorriendo su camino. Estas interacciones pueden ser esclarecedoras y ofrecer una visión de las múltiples formas en que se puede contribuir de manera significativa al mundo.

Igualmente importante es el papel de la comunidad. Las comunidades que fomentan lazos fuertes e intergeneracionales ofrecen a los jóvenes un sistema de apoyo completo. Cuando los jóvenes ven el propósito reflejado en las diversas vidas de los que les rodean, su comprensión de las muchas maneras en que pueden llevar una vida con propósito se forma. Los abuelos que comparten historias de su propio ikigai pueden impartir una sabiduría que los libros de texto simplemente no pueden proporcionar, mientras que los padres que modelan la armonía entre el trabajo y la vida pueden ilustrar el equilibrio de una manera tangible.

Incorporar rituales en la vida diaria también puede desempeñar un papel fundamental en la formación de un futuro lleno de propósito y alegría. Los rituales proporcionan una sensación de estructura y previsibilidad, y ayudan a los jóvenes a asentarse en el caos de la vida cotidiana. Estos rituales no tienen por qué ser grandiosos; pueden ser tan sencillos como una práctica matutina de gratitud o una reflexión nocturna sobre los logros diarios y las lecciones aprendidas. Con el tiempo, estas rutinas pueden reforzar la intención de vivir con un propósito, convirtiendo la búsqueda del ikigai en una parte natural de la vida.

No basta, sin embargo, con limitarse a hablar de estos conceptos: la acción es primordial. Fomentar la participación en el servicio comunitario puede ser una puerta para que los jóvenes comprendan su impacto en el mundo que les rodea. A través del servicio, aprenden empatía, compasión y los resultados directos de sus contribuciones, comprendiendo de primera mano cómo el trabajo con propósito aporta alegría no sólo a los demás, sino también a sí mismos.

También tenemos que abordar los entornos digitales en los que los jóvenes pasan gran parte de su tiempo. Aunque las plataformas digitales pueden resultar abrumadoras, también ofrecen oportunidades inigualables para crear y compartir el propio propósito a escala global. Guiarles en el uso consciente de estas herramientas puede capacitar a las mentes jóvenes para transmitir sus pasiones, conectar con personas de ideas afines e incluso crear movimientos que impulsen el cambio social. Enseñar alfabetización digital es tan vital como fomentar la inteligencia emocional, garantizando que su compromiso en línea sea saludable y tenga un propósito.

En conclusión, el camino para dar forma a un futuro infundido de propósito y alegría depende de hacer que los principios del ikigai sean accesibles y relacionables. Implica enseñar a nuestros jóvenes no sólo a alegrarse de sus éxitos, sino también a ver los reveses como oportunidades de crecimiento. Les invita a plantearse continuamente preguntas profundas, a adaptarse a medida que evolucionan y a abrazar la plenitud que surge de una vida bien vivida. Al inculcar estos valores, sentamos las bases de una generación que no se limita a soñar con un mundo mejor, sino que le da forma activamente.

La clave no está en dictar un camino singular, sino en abrir una multitud de posibilidades, orientando a los jóvenes hacia sus potenciales inherentes. De este modo, se convierten en individuos que definen el éxito no por los elogios externos, sino por la satisfacción interna, por la alegría, la pasión y el legado perdurable de un propósito.

Capítulo 12:
Evoluciona tu ikigai

Al llegar a esta etapa crucial de tu viaje, es esencial que reconozcas que tu ikigai no es un destino estático, sino un camino dinámico que cambia a medida que creces. Aceptar la naturaleza siempre cambiante de tu propósito personal implica flexibilidad y apertura a nuevas experiencias y pasiones. Quizá hayas notado cambios sutiles en tus intereses o circunstancias externas que te empujan hacia nuevas oportunidades. Estas transiciones no sólo son inevitables, sino que son vitales para fomentar la resiliencia y la renovación continua. Al prepararte para estos cambios, te alineas más estrechamente con tu sentido evolutivo de ti mismo, lo que te permite una mayor satisfacción y alegría en cada fase de la vida. Recuerda, el arte de recalibrar tu ikigai consiste en dar un paso adelante con valentía, guiado por la sabiduría adquirida a través de la experiencia y la promesa de lo que está por venir.

La vida no es sólo un proceso inevitable, es vital para fomentar la resiliencia y la renovación continua.

La naturaleza siempre cambiante del propósito personal

La vida es un tapiz dinámico de experiencias, constantemente tejido por las decisiones que tomamos, las lecciones que aprendemos y los sueños que nos atrevemos a perseguir. Dentro de esta corriente que fluye sin cesar, la noción de propósito personal -nuestro ikigai- adquiere una naturaleza igualmente fluida. No es fijo, sino que se dobla y se balancea como una caña en el viento, respondiendo a las corrientes de nuestra existencia. Abrazar esta idea es abrazar la vida misma, en toda su belleza impredecible.

Entender que el propósito personal puede cambiar es liberador. Nos libera de los confines de un camino predeterminado y nos invita a explorar nuestras vidas con curiosidad y apertura. Como seres humanos, crecemos con cada experiencia, y nuestros puntos de vista, deseos y capacidades cambian con el tiempo. Aferrarse a un sentido rígido del propósito sería como tratar de sujetar arena; cuanto más fuerte la agarramos, más se nos escapa entre los dedos.

Las primeras semillas del propósito personal pueden sembrarse en nuestros primeros años, provocadas por sueños infantiles o inspiraciones familiares, pero estas semillas requieren ser alimentadas. Durante la adolescencia, a medida que aprendemos más sobre nosotros mismos y sobre el mundo, evoluciona nuestra comprensión de lo que realmente importa. El propósito que encontramos a los veinte años puede no servirnos necesariamente a los treinta o cuarenta, y no pasa nada. Nuestro viaje es único y se enriquece con los cambios en lugar de verse entorpecido por ellos.

Pensemos en el artista que comienza su carrera apasionado por plasmar paisajes en un lienzo. Con el paso de los años, es posible que descubra una nueva vocación en la enseñanza del arte a los niños, encontrando una mayor satisfacción en inspirar a los demás en lugar de limitarse a crear. El tema central aquí no es abandonar una cosa por otra; es una transición alimentada por las experiencias de la vida, que transforma el ikigai del artista en algo aún más profundo.

Las estaciones de la vida traen consigo diferentes oportunidades y retos. Terminar los estudios, fundar una familia, cambiar de profesión o experimentar una pérdida... Cada fase da nueva forma a lo que somos y, en consecuencia, a lo que da sentido a nuestras vidas. No se trata de incoherencia, sino de alineación. Cada nueva versión de nosotros mismos requiere una recalibración de lo que nos hace sentir vivos y con propósito.

A veces, las influencias externas pueden provocar una reevaluación de nuestro propósito. Una crisis mundial, por ejemplo, puede hacer que dejemos de centrarnos en los logros profesionales y pasemos a centrarnos en las contribuciones comunitarias. A raíz de sucesos naturales o personales significativos, a menudo nos encontramos revisando viejas ideologías, cuestionando ambiciones pasadas y diseñando nuevos objetivos con renovado vigor.

El impulso de explorar y comprender diferentes aspectos de nuestro ikigai no surge simplemente de la necesidad; surge de un deseo inherente de seguir comprometido con las ofertas de la vida. Para algunos, el propósito personal puede implicar ciclos repetidos de reinvención. Piense en los que prosperan con el cambio, los empresarios que cambian de sector o los profesionales que cambian de carrera varias veces. Su ikigai prospera precisamente porque acepta la novedad y la transformación, porque ve un sinfín de oportunidades en lugar de obstáculos insuperables.

Sin embargo, la naturaleza en constante evolución del propósito personal no significa abandonar lo que nos fundamenta. Nuestros valores fundamentales actúan como una brújula que nos orienta incluso cuando navegamos por nuevos terrenos. A medida que el propósito cambia, estos valores garantizan que nuestro viaje se mantenga fiel a lo que fundamentalmente nos importa, ofreciendo una sensación de continuidad en medio del cambio.

Es importante reconocer que la evolución del propósito no siempre significa avanzar o ascender en un sentido convencional. A veces, implica dar un paso atrás, reevaluar o incluso simplificar la vida. Hay un profundo crecimiento en aprender a encontrar la satisfacción en lo cotidiano y apreciar los pequeños aspectos aparentemente mundanos de la vida que a menudo pasamos por alto.

Aceptar la naturaleza cambiante del propósito personal invita a una conexión más profunda con nosotros mismos y con nuestro entorno. Nos llama a estar presentes, a escuchar nuestra voz interior y a confiar en ella para que nos guíe por los laberínticos caminos de la vida. Al hacerlo, honramos tanto a quienes fuimos como a quienes nos estamos convirtiendo.

Esta fluidez no es una pérdida, sino una ganancia. Cada iteración de nuestro propósito se basa en la anterior, creando un rico tapiz de experiencias y percepciones únicas para la historia de nuestra vida. Enseña resiliencia, adaptabilidad y, lo que es más importante, el valor de enfrentarse a lo desconocido con gracia y entusiasmo.

Mientras navegas por tu propio camino de ikigai, recuerda que la clave no es encontrar una respuesta estática, sino comprometerse con una investigación continua. Explora, experimenta y reflexiona a lo largo de los diferentes capítulos de tu vida, reconociendo que tu propósito personal es una entidad viva, siempre cambiante y siempre tuya.

Prepararse para las transiciones y las nuevas pasiones

La vida es una serie de transiciones, cada una de las cuales trae consigo nuevas oportunidades para redescubrir y reavivar tu ikigai. Aceptar el cambio no consiste sólo en encontrar nuevas pasiones, sino también en tener el valor de dejar ir lo que ya no te sirve. Cuando te encuentres en esta encrucijada, escucha el susurro silencioso de la curiosidad que te impulsa a seguir adelante. Pregúntate: "¿Qué enciende mi espíritu en este momento?". No es una pregunta con una respuesta única, sino una invitación a evolucionar. Al acoger el cambio con los brazos abiertos, nos permitimos crecer más allá de nuestras limitaciones autoimpuestas, impulsándonos hacia nuevas aventuras y pasiones inexploradas. Recuerda que la esencia del ikigai es fluida; lo que hoy te sirve de guía puede evolucionar a medida que adquieres nuevas experiencias y conocimientos. Acércate a estas transiciones con el corazón abierto y con la certeza de que cada paso, por incierto que sea, es un testimonio de tu resistencia y de tu capacidad de alegría y plenitud en constante expansión.

Solicitud de reseña en línea para este libro A medida que se embarca en el viaje de prepararse para las transiciones y las nuevas pasiones, sus comentarios sobre las ideas y la orientación proporcionadas en este libro ayudarán a otros a descubrir la vitalidad de la evolución de su propio ikigai, así que por favor comparta sus pensamientos en una reseña en línea para inspirar a otros buscadores.

El legado del ikigai

Al concluir nuestra exploración del ikigai, queda claro que este concepto es más que una simple intersección de cuatro áreas: es una brújula que nos guía hacia una vida rica en propósitos y realización. La sabiduría ancestral que encierra el ikigai no es meramente teórica; es una experiencia vivida, una energía palpable que impulsa a las personas a levantarse cada mañana con alegría y determinación.

El legado del ikigai es una llamada a la acción. Se trata de tomar los principios que hemos explorado e integrarlos en nuestra vida cotidiana. Cuando adoptas tu ikigai, no sólo persigues la felicidad personal; estás contribuyendo a un efecto dominó que se extiende a tu familia, a tu comunidad y al mundo en general. Imagina un mundo en el que cada persona actúe desde la pasión, en consonancia con su verdadero propósito: un mundo así sería realmente transformador.

Una de las claves de nuestro viaje a través del ikigai es la importancia de la intencionalidad. Vivir con intención no significa planificar meticulosamente cada momento del día. Más bien sugiere un compromiso constante para alinear tus acciones con tus valores más profundos. Este enfoque te permite capear las tormentas de la vida con resistencia y celebrar sus alegrías con un corazón lleno de gratitud.

En el acelerado mundo actual, es fácil perder de vista lo que realmente importa. Las exigencias laborales, los compromisos sociales y el incesante bombardeo de información pueden oscurecer nuestro camino. Sin embargo, el ikigai nos anima a hacer una pausa, reflexionar y reorientarnos hacia el presente. Al hacerlo, forjamos un legado que no es sólo sobre lo que hacemos, sino sobre cómo hacemos sentir a los demás y las vidas que tocamos en el camino.

La comunidad y la conexión desempeñan un papel esencial en el legado ikigai. Como ya hemos comentado, rodearse de una red de apoyo puede mejorar tu viaje hacia el descubrimiento y la vivencia de tu propósito. Ya sea a través de colaboraciones, amistades o lazos familiares, la fuerza de la comunidad nos sostiene. Nos recuerda que no estamos solos en nuestra búsqueda de sentido, y que nuestras contribuciones al mundo se benefician enormemente de la sabiduría colectiva.

Además, muchos de nosotros descubriremos que nuestro ikigai evoluciona con el tiempo. La vida no es estática: nuestras pasiones cambian, nuestras habilidades se amplían y nuestras necesidades cambian. Aceptar esta evolución es crucial. En lugar de aferrarnos a una idea fija de nuestro propósito, comprender que la adaptabilidad es un punto fuerte puede conducirnos por caminos nuevos y apasionantes. La voluntad de adaptarse mantiene nuestras mentes agudas, nuestros espíritus resistentes y nuestros corazones abiertos a nuevas posibilidades.

En el legado del ikigai, existe un profundo respeto por el viaje del individuo. Cada uno de nosotros tiene un camino único, moldeado por nuestras experiencias, sueños y elecciones. Sin embargo, la esencia del ikigai trasciende las búsquedas individuales, animándonos a actuar como administradores de un mundo más grande y más conectado. Deja que este legado te inspire a dejar no sólo huellas, sino un rastro de esperanza y positividad para las generaciones futuras.

Al separarnos aquí, recuerda que el viaje del ikigai es continuo. Te invita a ser curioso, a cuestionar y a buscar continuamente las intersecciones de pasión, misión, vocación y profesión que crean tu ikigai distintivo. Estas intersecciones son dinámicas, a veces requieren una recalibración, pero siempre te conducen hacia una comprensión más profunda del propósito de tu vida.

La verdadera belleza del legado del ikigai reside en su sencillez y profundidad. En un mundo que a menudo busca la complejidad, el ikigai nos recuerda que el núcleo de una vida con sentido se basa en verdades sencillas: dedicarse a lo que uno ama, contribuir a lo que el mundo necesita, estar abierto al cambio y apreciar las conexiones con quienes nos rodean. Siguiendo estos principios, podemos cultivar una vida de plenitud sustantiva.

Que las lecciones del ikigai te capaciten para vivir una vida con claridad y propósito. A medida que continúes tu viaje personal, deja que el legado del ikigai sea tu guía, recordándote el potencial que encierra cada día cuando comienza con intención y termina con reflexión. Acepta el viaje con el corazón abierto, y que tu ikigai ilumine el camino hacia adelante.

Apéndice A:
Ejercicios para descubrir tu ikigai

Tu viaje hacia la búsqueda de tu ikigai es profundamente personal. Se trata de pelar las capas de tu existencia diaria para descubrir la fuerza motriz que da sentido a tu vida. Aquí tienes algunos ejercicios diseñados para guiarte en esta búsqueda transformadora. Estos ejercicios pueden ayudarte a explorar diferentes facetas de tu vida y fomentar una profunda reflexión sobre tus pasiones, fortalezas y contribuciones.

1. Reflexiona sobre los momentos alegres

Reflexione sobre los momentos de alegría

Piense en los momentos en los que se ha sentido realmente vivo. ¿Cuándo se sintió más entusiasmado, comprometido y satisfecho? Haz una lista de esos momentos e identifica los temas o actividades comunes. A menudo apuntan a lo que amas y te apasiona. Dedique algún tiempo a escribir sobre estas experiencias, centrándose en los sentimientos que le evocaron y en los aspectos que le provocaron alegría.

2. Identifique sus puntos fuertes

Todos tenemos talentos y habilidades únicos. Para descubrir las tuyas, intenta hacer una lista de aquello que se te da bien por naturaleza. Si no está seguro, pida opinión a amigos, familiares o compañeros. Reflexione sobre las tareas o retos en los que destaca y piense en cómo puede desarrollar y aplicar estos puntos fuertes de forma significativa.

3. Aclare sus valores

Sus valores son los principios rectores que dan forma a sus decisiones y acciones. Escriba una lista de valores que resuenen con usted, como la honestidad, la creatividad o la compasión. Piensa en cómo se alinean estos valores con tu vida diaria y si existe una brecha entre tu situación actual y lo que más valoras. Esta toma de conciencia puede ayudarle a orientarse hacia una existencia más alineada y con un propósito.

4. Explore sus contribuciones

El sentido de propósito de una persona a menudo surge del impacto que puede tener en el mundo. Piensa en las contribuciones que puedes hacer a tu comunidad o a la sociedad. No es necesario que sea algo grandioso o que cambie el mundo; incluso los pequeños actos de bondad y servicio pueden reflejar tu ikigai. Considera oportunidades de voluntariado o proyectos que se alineen con las causas que te apasionan.

5. Imagina tu día perfecto

Tómate un momento para imaginar cómo sería un día perfecto en tu vida, desde la mañana hasta la noche. Qué actividades llenan tu tiempo? ¿Con quién estás? ¿Qué rutinas y rituales te dan paz y alegría? Este ejercicio no sólo revela sus pasiones e intereses, sino que también le proporciona información sobre el estilo de vida que mejor apoya su ikigai.

6. Establezca objetivos pequeños e intencionados

Divida el concepto general de ikigai en objetivos más pequeños y manejables que pueda integrar en su vida diaria. Ya sea dedicar más tiempo a aficiones, mejorar una habilidad o fomentar las relaciones, estos objetivos deberían reflejar aspectos de su ikigai y ayudarle a acercarse a una vida equilibrada y plena.

7. Dedique tiempo a la reflexión

Tómese tiempo regularmente para reflexionar sobre su progreso y los ajustes necesarios en su camino hacia el ikigai. Esta práctica debe ser introspectiva y libre de juicios. Utiliza el diario, la meditación o la contemplación silenciosa como herramientas para conectar con tu yo interior y asegurarte de que te estás moviendo en la dirección del propósito y la felicidad.

Descubrir tu ikigai no es una tarea finita, sino un viaje continuo de exploración y crecimiento. Al participar conscientemente en estos ejercicios y abrazar el proceso, descubrirás el delicado equilibrio entre lo que amas, aquello para lo que eres bueno, lo que el mundo necesita y aquello por lo que puedes ser compensado. Esta comprensión te servirá de brújula hacia una vida rebosante de propósito y plenitud.

Apéndice B:
Recursos para seguir explorando

Embarcarse en el viaje para descubrir tu ikigai personal es profundamente transformador. Es un camino enriquecido por la sabiduría de quienes lo han explorado antes que tú. Aquí he reunido una selección de recursos que pueden iluminar tu camino y profundizar tu comprensión. Ya busques libros, comunidades online o cursos educativos, estas recomendaciones pretenden inspirar y apoyar tu búsqueda de una vida con propósito.

1. Libros y literatura

- **"Ikigai: El secreto japonés para una vida larga y feliz" de Héctor García y Francesc Miralles** - Una exploración exhaustiva del ikigai, que combina ideas filosóficas con consejos prácticos.

- **"Las zonas azules: 9 Lessons for Living Longer From the People Who've Lived the Longest" de Dan Buettner** - Aunque no trata únicamente sobre el ikigai, profundiza en los estilos de vida que contribuyen a la longevidad, a menudo coincidentes con los principios del ikigai.

- **"Drive: La sorprendente verdad sobre lo que nos motiva" de Daniel H. Pink** - Ofrece ideas sobre la motivación humana que se alinean con la búsqueda de lo que impulsa su ikigai.

2. Cursos y conferencias en línea

- **Coursera y edX** - Estas plataformas ofrecen numerosos cursos relacionados con el desarrollo personal, la psicología y la realización que pueden ayudar a comprender su ikigai.
- **TED Talks** - Atractivas conferencias de líderes de pensamiento que cubren una variedad de temas relacionados con la pasión, el propósito y el bienestar.

3. Talleres y retiros

Talleres y retiros. Talleres y retiros

- **Retiros de atención plena** - Considere la posibilidad de asistir a un retiro centrado en la atención plena y el autodescubrimiento, que a menudo integra ejercicios para explorar el propósito personal.
- **Talleres locales de ikigai** - Busque eventos o talleres comunitarios centrados en el ikigai y el desarrollo personal. Estos encuentros pueden proporcionar tanto conocimientos como apoyo comunitario.

4. Comunidades y foros en línea

- **Reddit: r/ikigai** - Únase a los debates de una comunidad que comparte ideas y experiencias relacionadas con la búsqueda del propio ikigai.
- **Quora** - Participe con preguntas y respuestas que invitan a la reflexión sobre cómo vivir una vida llena de propósito.

5. Podcasts y recursos de audio

Reddit: r/ikigai. Podcasts y recursos de audio

- **"The Tim Ferriss Show"** - Conocido por sus diversos invitados y temas, incluyendo discusiones sobre la búsqueda de la plenitud y la motivación.

- **"The Tony Robbins Podcast"** - Ofrece ideas de motivación que se alinean con el crecimiento personal y el descubrimiento del propósito.

Tu exploración no termina aquí. Cada recurso puede conducir a nuevos descubrimientos y revelaciones personales. Recuerde que el viaje hacia una vida más plena dura toda la vida y está marcado por el aprendizaje y la adaptación continuos. Acoge estos recursos como compañeros en tu camino hacia una vida con propósito, alegría y un sentido más profundo del significado de la vida.

www.ingramcontent.com/pod-product-compliance
Lightning Source LLC
Chambersburg PA
CBHW030307100526
44590CB00012B/551